EU AI 법과 사업자 의무

AI총서

인공지능 시대입니다. 기계가 인간의 인지를 대신하고, 사물이 인간을 통하지 않고 다른 사물과 직접 커뮤니케이션합니다. 이에 따른 인간 삶과 문명 변화를 정확히 이해·예측·대응하는 것은 이 시대 우리 모두의 과제입니다. AI총서는 인공지능 기술과 환경의 여러 주제를 10가지 키워드로 정리합니다. 관련 개념과 이론, 학계와 산업계의 쟁점, 우리 일상의 변화를 다룹니다. 인간과 기술의 현재, 미래를 세심히 분석합니다.

일러두기

- 인명, 작품명, 저서명, 개념어 등은 한글과 함께 괄호 안에 해당 국가의 원어를 병기했습니다.
- 외래어 표기는 현행 어문규정의 외래어표기법을 따랐습니다.

처음이세요?

전문가세요?

EU AI 법과 사업자 의무

김윤명

대한민국, 서울, 커뮤니케이션북스, 2025

EU AI 법과 사업자 의무

지은이 김윤명
펴낸이 박영률

초판 1쇄 펴낸날 2025년 11월 28일

커뮤니케이션북스(주)
출판 등록 2007년 8월 17일 제313-2007-000166호
02880 서울시 성북구 성북로 5-11
전화(02) 7474 001, 팩스(02) 736 5047
commbooks@commbooks.com
www.commbooks.com

ISBN 979-11-430-0562-5 03500

책값은 뒤표지에 표시되어 있습니다.

차례

왜 EU 「AI 법」과 사업자 의무인가?

논의를 시작하며

논의의 필요

2024년 8월 발효된 EU 「AI 법(Artificial Intelligence Act)」은 글로벌 입법 규제를 주도하겠다는 EU의 의지 표명이다. 「AI 법」은 AI 기술이 급격히 발전함에 따라 발생할 수 있는 윤리적 · 법적 문제를 예방하고, AI의 안전한 개발 및 활용을 보장하기 위한 최초의 포괄적 법률 체계다. 이 법은 AI의 투명성, 책임성, 안전성을 강화하고, AI 기술이 기본권 및 민주적 가치를 침해하지 않도록 규제하는 것을 목표로 한다. 또한 글로벌 AI 시장에서 EU의 법적 · 정책적 주도권을 확보하려는 전략적 의미도 내포하고 있다.

EU는 이미 2018년 5월 시행된 「일반 데이터 보호 규정(GDPR, General Data Protection Regulation)」을 통해 글로벌 빅테크 기업에 대한 입법 및 규제 거버넌스를 충분히 확보한 바 있다. 「GDPR」이 그랬듯, EU 「AI 법」

도 글로벌 기업들에 영향을 미칠 수밖에 없다. 반면 미국은 사업자와의 협의를 통해 자율적인 AI 안전 체계를 이끌고 있다. 미국과 EU의 AI 주도권 싸움이 시작된 것이다. 그 와중에 2025년 1월 28일 트럼프 대통령은 2023년 11월 1일 공포된 바이든 대통령의 행정 명령(Executive Order 14110: "안전하고 신뢰할 수 있는 인공지능 개발 및 사용 행정 명령")을 취소했다. AI 안전을 위한 다양한 가이드라인의 효력을 무력화한 것이다. 미국에 비해 EU가 규제 수준이 높다고 하지만, 미국의 규제 수준이 낮다고 보기는 어렵다. 캘리포니아의 「AI 안전법(SB 1047: Safe and Secure Innovation for Frontier Artificial Intelligence Models Act, 선구적 인공지능 모델을 위한 안전하고 보안이 강화된 혁신법)」은 2024년 9월 주지사의 거부권 행사로 입법화되지 않았으나 캘리포니아주를 포함한 다양한 주에서 AI 안전을 강화하는 입법이 진행되고 있기 때문이다. 따라서 EU 법제를 분석해 우리 기업들이 어떻게 대응할 것인지 구체적으로 다룰 필요가 있다. 2024년 12월 우리나라도 「인공지능 발전과 신뢰 기반 조성 등에 관한 기본법」(이하 「AI 기본법」)이 국회를 통과해 2026년 1월부터 시행될 예정이다. AI 시스템을 포함한 다양한 서비스가 글로벌 환경에서 이뤄지기 때문에 주요 시장의 법률에 대한 이해는 사업자는 물론 정책 입안자에게도 중요한 과제가 아닐 수 없다. 이에 「AI 기본법」이 EU의 입법과 어떤 차이점이 있는지 살펴보고자 한다.

EU 「AI 법」과 사업자 의무

EU 「AI 법」은 인공지능 기술의 발전이 가속화됨에 따라 발생할 수 있는 윤리적 · 법적 문제를 예방하고, AI의 안전한 개발과 활용을 보장하기 위해 제정된 최초의 포괄적인 법률이다. AI 기술이 사회 전반에 걸쳐 광범위하게 확산되면서 개인정보 보호, 알고리즘 편향, 책임 소재 불분명성 등의 문제가 제기되고 있으며, 이에 대한 체계적인 규제가 필요하다는 요구가 증가했다. EU는 「AI 법」을 통해 AI의 투명성과 책임성을 강화하고, 기본권과 민주적 가치를 침해하지 않는 방향으로 AI 기술을 발전시키고자 한다. 또한 「AI 법」은 글로벌 AI 시장에서 EU의 법적 · 정책적 주도권을 확보하는 전략적 의미도 지닌다.

「AI 법」 제정의 배경과 필요성

(1) AI의 확산과 사회적 영향

AI 기술은 금융, 의료, 교육, 공공 서비스 등 다양한 분야에서 활용되면서 경제와 사회 전반에 혁신을 가져오고 있다. 그러나 이러한 기술 발전과 함께 여러 법적 · 윤리적 문제가 발생하고 있으며, 특히 개인정보 보호 침해, 알고리즘 편향성, AI의 의사 결정 과정에 대한 불투명성 등의 문제가 대두되고 있다. AI 시스템이 자동화된 의사결정을 수행하면서 책임 소재가 불명확해지는 경우가 많고, 잘못된 판단이 심각한 사회적 · 경제적 피해를 초래할 가능성도 존재한다. 이러한 문제를 해결하기 위해 AI에 대한 명확한 법적 규율이 필요하며, 이를 바탕으로 AI의 안전성과 신뢰성을 확보하는 것이 중요하다.

(2) AI 규제에 대한 국제적 흐름

AI 기술의 발전에 따른 규제 필요성이 증가함에 따라, 미국, 중국, 일본 등 주요 국가들은 AI 규제와 관련해 자국 중심의 법 제도를 마련하고 있다. 특히 AI 기술을 선도하는 국가들은 AI의 윤리적 사용과 안전성을 확보하기 위해 다양한 법적 · 정책적 대응을 추진하고 있으며, 이러한 흐름 속에서 EU는 「AI 법」을 통해 국제 AI 규제의 기준을 정립하려 하고 있다.

「AI 법」의 주요 내용

(1) AI 위험 기반 접근법(Risk-Based Approach) 도입

EU 「AI 법」은 AI 시스템을 위험 수준에 따라 차등적으로 규제하는 '위험 기반 접근법'을 도입했다. 이는 AI의 위험도를 평가해 가장 높은 위험을 지닌 AI 시스템에 대해서는 강력한 규제를 적용하고, 상대적으로 위험이 낮은 AI 시스템에는 유연한 규제를 적용하는 방식이다. 「AI 법」은 AI 시스템을 네 가지 범주로 분류하고 있으며, 각 범주에 따라 차별화된 규제를 적용한다.

첫 번째로, 인권 침해 가능성이 높은 AI 시스템은 '금지된 AI 시스템(Prohibited AI)'으로 분류된다. 사회 신용 점수 시스템이나 광범위한 생체 인식 감시 기술 등이 이에 해당한다. 두 번째로, 의료, 금융, 법 집행 등 사회적으로 중요한 분야에서 사용되는 AI 시스템은 '고위험 AI 시스템(High-Risk AI)'으로 지정되어 엄격한 규제를 받는다. 세 번째로, 챗봇이나 콘텐츠 생성 AI처럼 상대적으로 위험성이 낮은 AI는 '제한적 위험 AI 시스템(Limited Risk AI)'으로 간주되어 투명성 의무만 부과된다. 마지막으로, AI 기반 게임이나 자동 번역 서비스와 같이 규제 대상에서 제외되는 '최소 위험 AI 시스템(Minimal Risk AI)'이 있다.

이러한 차등 규제 방식을 통해 AI 기술의 혁신을 저해하지 않으면서도, 사회적으로 위험성이 높은 AI 시스템의 부작용을 효과적으로 통제할 수 있도록 한 점이 「AI 법」의 중요한 특징이다.

(2) AI 투명성과 설명 가능성 강화

AI의 의사 결정 과정이 인간의 삶에 미치는 영향이 커짐에 따라, AI의 작동 원리를 보다 투명하게 공개하고 AI가 제공하는 정보가 신뢰할 수 있도록 보장하는 것이 중요하다. 「AI 법」은 AI 개발자들에게 AI 시스템의 데이터 학습 과정, 작동 방식, 한계점 등을 문서화해 규제 기관에 제출하도록 요구하고 있다.

특히, 생성형 AI(Generative AI) 및 대규모 언어 모델(LLM, Large Language Models)에 대해서는 추가적인 규제가 부과된다. AI가 생성한 콘텐츠는 명확하게 표시(Watermarking & Disclosure)되어야 하며, 모델이 학습한 데이터의 출처를 공개하고 저작권을 준수해야 한다. 또한 AI가 허위 정보나 유해 콘텐츠를 생성하는 것을 방지하기 위한 기술적 · 윤리적 조치도 마련되어야 한다. 이러한 조치는 딥페이크(Deepfake) 문제나 AI 기반 허위 정보(Fake News) 문제를 예방하는 데 중요한 역할을

할 것으로 기대된다.

(3) AI의 안전성 확보 및 규제 준수 강화

AI 시스템이 안전하게 운영되도록 하기 위해 「AI 법」은 기록 및 보관 의무(Record-Keeping Obligation)를 명확히 규정하고 있으며, 사후 모니터링(Post-Market Monitoring) 체계를 구축하도록 요구하고 있다. AI 시스템 운영 과정에서 생성되는 로그(log)는 최소 6개월 이상 보관되어야 하며, 고위험 AI 시스템의 경우 적합성 평가(Conformity Assessment)를 통해 안전성 인증을 받아야 한다. 또한 AI 시스템이 예상치 못한 문제를 발생시킨 경우 즉시 규제 기관에 보고해야 하며, 심각한 사고 발생 시 추가적인 조사가 이뤄질 수 있다. 이러한 조치를 통해 AI 시스템이 배포된 이후에도 지속적인 안전성이 보장될 수 있도록 하고 있다.

(4) 글로벌 AI 규제 선도 및 기업의 법적 확실성 제공

EU 「AI 법」은 단순한 규제 차원을 넘어, AI 기술이 윤리적 · 법적으로 책임감 있게 사용될 수 있도록 하는 글로벌 법적 프레임워크로 기능한다. EU 「AI 법」이 시행되면, AI를 개발 · 운영하는 기업들은 명확한 법적 기준을

바탕으로 규제 리스크를 사전에 예방하고, 규제 준수를 위한 내부 체계를 마련할 수 있게 된다. 또한 AI 규제의 글로벌 표준을 정립함으로써 다른 국가들의 AI 법제에도 영향을 미칠 것으로 예상된다.

특히 EU는 「GDPR」을 통해 글로벌 데이터 보호 규제의 표준을 정립한 바 있으며, 「AI 법」 역시 국제적인 AI 규제의 기준이 될 가능성이 크다. 이러한 법적 틀을 통해 AI 산업의 신뢰성을 높이고, 기업들이 AI 기술을 보다 책임감 있게 활용할 수 있도록 유도하는 것이 EU 「AI 법」의 중요한 목표 중 하나다.

평가

EU 「AI 법」은 AI 기술의 윤리적 사용과 책임성을 확보하기 위해 마련된 포괄적인 법적 프레임워크로서 중요한 의미를 가진다. AI 기술이 급격히 발전하면서 개인정보 보호, 차별적 알고리즘, 허위 정보 문제 등이 심각하게 대두되고 있는 상황에서, EU 「AI 법」은 AI의 위험을 효과적으로 통제하면서도 기술 혁신을 저해하지 않는 균형적인 접근 방식을 채택하고 있다. 또한 EU 「AI 법」은 EU가 글로벌 AI 규제의 표준을 선도하고, AI 산업의 신뢰성을 높이는 중요한 계기가 될 것이다. 앞으로 AI 기술이 더욱 발전할수록 EU 「AI 법」이 다른 국가 및 국제기구의 법제 정비에도 중요한 영향을 미칠 것으로 예상되며, 이는 향후 AI 산업의 법적·정책적 방향을 결정하는 핵심 기준이 될 것이다.

이 책의 구성

이 책은 'EU 「AI 법」과 사업자 의무'에 관련된 이슈를 하나의 틀로 정리한 것이다. 이 책에서 다루는 10가지 주제는 EU 「AI 법」의 규제 원칙, 고위험 AI, 생성형 AI 사업자의 의무와 규제, 데이터 거버넌스, 혁신과 규제, AI 영향 평가 제도, 기록 및 보관 의무 등을 포함한다.

문제 정의

AI 기술이 사회 전반에 확산됨에 따라 개인정보 침해, 차별, 안전사고 등 다양한 위험이 현실화되고 있다. 특히 고위험 분야에서의 AI 활용은 개인의 기본권과 안전에 중대한 영향을 미칠 수 있어, 기술의 혁신성과 사회적 책임 간의 균형을 모색하는 새로운 규제 프레임워크가 필요하다. 이에 따라 EU는 기존 법제로 대응하기 어려운 AI 특유의 문제들을 체계적으로 관리하고자 「AI 법」을 제정했다. 이 법은 기술 중심이 아닌 위험 기반의 접근을 통해, AI가 초래할 수 있는 문제의 본질을 해결하려는 시도라고 할 수 있다.

규제 범위 및 대상

EU 「AI 법」의 적용 범위는 EU 역내에만 국한되지 않는다. 역외 기업이라 하더라도 EU 시장에 AI 시스템을 제공하거나 그 영향력이 미치는 경우에는 이 법의 적용을 받는다. 규제 대상은 AI 시스템의 개발자, 제공자, 배포자, 사용자 등 전체 공급망을 포괄한다. 특히 법률은 인간의 자율성, 기본권, 건강과 안전에 중대한 영향을 줄 수 있는 AI 시스템을 중심으로 규제의 초점을 맞추며, 기술의 종류가 아니라 사용 목적과 맥락에 따라 규제 강도를 달리하는 방식으로 설계되어 있다.

위험 기반 접근법

EU 「AI 법」의 핵심은 위험 기반 접근법에 있다. AI 시스템은 위험의 정도에 따라 '금지된 AI', '고위험 AI', '제한적 위험 AI', '최소 위험 AI'로 분류되며, 각 범주에 따라 사업자가 부담하는 의무의 수준도 달라진다. 예를 들어, 사회적 평판을 조작하거나 인간 행동을 은밀히 조작하는 AI는 원칙적으로 금지되며, 고위험 AI는 엄격한 의무를 부과받는다. 이러한 분류 체계는 기술 혁신을 저해하지 않으면서도 공공의 안전과 권리를 보호하기 위한 법제적 균형 장치로 작동한다.

고영향 AI 사업자의 의무와 규제

고위험 AI 시스템을 제공하는 사업자는 설계부터 운영, 사후 관리까지 전 단계에 걸쳐 법적 의무를 이행해야 한다. 여기에는 데이터의 품질 관리, 기술 문서 작성, 시스템의 설명 가능성 확보, 로그 기록 및 보관, 인간 감독 체계 마련 등이 포함된다. 또한 AI 시스템이 오작동하거나 피해를 유발한 경우 신속히 이를 보고하고 조치를 취할 의무도 존재한다. 사용자 역시 정해진 목적에 따라 AI를 사용하는 한편, 위험 발생 시 이를 규제 기관에 신고해야 하는 책무를 진다.

생성형 AI 사업자 의무와 규제: 투명성 의무-표시 등의 요건

최근 각광받는 생성형 AI(ChatGPT, Gemini 등)는 정보 생성의 자율성과 광범위한 확산 가능성 때문에, 특별한 투명성 의무가 부과된다. 사용자가 콘텐츠가 AI에 의해 생성된 것임을 인지할 수 있도록 명확한 표시가 요구되며, 저작권 보호를 위해 학습에 사용된 데이터(특히 저작물)의 목록을 공개해야 할 수도 있다. 또한 허위 정보의 확산을 막기 위해 기술적 조치를 취하고, 조작 가능성을 최소화할 수 있는 안전장치를 마련해야 한다.

데이터 거버넌스

AI의 공정성과 신뢰성은 결국 학습 데이터의 품질과 관리에 달려 있다. EU 「AI 법」은 데이터 거버넌스를 핵심 규제로 설정하고, 데이터 수집의 정당성, 편향성 제거, 데이터 출처의 명확성, 「개인정보보호법」과의 정합성 등을 강조한다. 이는 단순한 데이터 관리 차원을 넘어, AI 시스템의 성능과 사회적 신뢰 확보를 위한 기반으로 작용한다. 특히 고위험 AI의 경우, 데이터세트의 설계와 검증 과정에 대한 엄격한 감독이 동반된다.

혁신과 규제

과도한 규제가 AI 산업의 성장을 저해할 수 있다는 우려도 존재한다. 이에 EU는 기술 혁신과 규제의 균형을 도모하기 위해 규제 샌드박스 제도를 마련하고, 스타트업이나 연구 기관 등이 일정한 조건하에 규제를 유예받으며 실험할 수 있도록 허용하고 있다. 또한 중소기업(SME)을 대상으로는 절차적 부담을 완화하는 특별 조항도 포함되어 있다. 이는 규제의 유연성을 확보하면서도, 공공 안전과 기본권 보호라는 규제 목적을 포기하지 않는 방식이다.

AI 영향 평가 제도

AI 시스템의 사회적 수용성을 높이기 위한 제도적 장치로 AI 영향 평가가 제안되고 있다. 이 제도는 고위험 AI 시스템이 사회적 약자, 개인정보, 표현의 자유 등에 미칠 영향을 사전에 평가하고, 필요한 개선 조치를 마련하는 것을 목적으로 한다. 이는 기존의 환경 영향 평가, 개인정보 영향 평가와 유사한 틀을 갖추며, 공공 부문을 중심으로 도입 논의가 활발하다. 영향 평가는 책임 있는 AI 개발과 사회적 신뢰 확보를 위한 핵심 수단으로 간주된다.

기록 및 보관 의무, 또는 AI 리터러시

고위험 AI 사업자에게는 시스템 작동 과정의 로그 기록 및 보관 의무가 부과된다. 이는 사후 점검과 사고 대응을 위해 필수적인 요소이며, 최소 6년간의 보관이 원칙이다. 아울러 사회 전반의 AI 이해도를 제고하기 위한 AI 리터러시 강화 필요성도 부각된다. 일반 국민, 공공 기관, 기업 관계자 들이 AI의 작동 원리, 위험 요소, 법적 책임 등을 올바르게 인식할 수 있도록 교육 프로그램과 정보 제공이 체계적으로 이뤄져야 한다.

시사점

마지막 시사점은 이 논의를 통해 얻을 수 있는 가치와 철학에 대해 정리했다. EU「AI 법」은 단순한 기술 규제가 아니라, 글로벌 디지털 규범의 형성을 지향하는 전략적 규제라고 할 수 있다. 한국을 포함한 역외 국가 역시 이 법에 대응하기 위해 국내 법령의 정비, 감독 기관의 전문성 강화, AI 인증 체계의 구축, 영향 평가 도입 등을 서둘러야 할 시점이다. 특히 공공 부문의 책임성 강화, 데이터 공유 및 거버넌스 체계 확립, 그리고 민간과의 역할 분담 구조 설계가 중요하다. EU「AI 법」은 기술 발전을 규제하는 것이 아니라, 기술이 인간을 해치지 않도록 '정렬(alignment)'시키는 방향으로 진화하고 있다는 점에서 정책적 시사점이 크다.

EU「AI 법」이 순차적으로 시행되고 있다. 여러 가지 준비 사항 때문에 일괄적으로 시행하지 않고 몇 년 동안 유예토록 하고 있다. AI 사업자들에게 부담을 주지 않고, 명확한 준비를 하겠다는 의도로 풀이된다.「AI 기본법」도 제정 후, 1년 동안의 유예 기간을 두고 있다. 아쉬운 점은 1년 동안 유예를 두는 것보다, 그동안 보다 나은 입법을 진행했더라면 하는 것이다. EU 「AI 법」과 우리나라의 「AI 기본법」의 특성을 반영해 사업자들이 알아야 할 내용을 중심으로 정리했다.

이 책에서 논의되는 것도 다양한 의견 중 하나로, 언젠가 기술 발전과 사회적 합의를 통해서 답을 만들어 갈 수 있기를 희망한다.

2025년 겨울이 오는 길목에서,

김윤명 쓰다

01
입법 취지

AI는 효율성을 강조해도 지나치지 않다. 그렇지만 모든 것에는 명암이 있는 법이다. 여러 논란 속에 EU 「AI 법」이나 우리나라 「AI 기본법」이 제정되었다. 두 법은 시행 과정의 오류를 막기 위해 순차적인 시행이나 1년 유예를 규정하고 있다. 구체적인 입법 취지 등에 대해 살펴본다. 법률의 목적 규정이 추상적 가치를 담고 있지만, 해당 법률의 해석 규범을 제시한다는 점에서 그 의의가 있다.

AI와 1인 창업?

입법 목적

입법 목적을 살펴보는 것은 그 법에 관통하는 가치를 이해할 수 있다는 점에서 의의가 있다. 입법 목적은 추상적 가치를 담아내는 것이기 때문에 그 자체로 법률의 전반적인 내용을 이해하기는 어렵다. 그렇지만 법률이 충돌하거나 해석이 달라질 경우, 입법 목적이 담고 있는 가치에 부합하는지 살펴야 한다. 그만큼 목적 규정은 추상적이긴 하지만 현실적인 방향타 같은 역할을 한다.

EU「AI 법」

EU「AI 법」은 민주주의, 법치 및 환경 보호를 포함해 유럽연합에서 인공지능 시스템(AI 시스템)의 유해한 영향으로부터「유럽연합 기본권 헌장」(이하「헌장」)에서 규정하는 보건, 안전, 기본권을 높은 수준으로 보호하면서 역내 시장의 기능을 개선하고 인간 중심적이고 신뢰할 수 있는 인공지능의 활용을 촉진하며 혁신을 지원하는 것을 목적으로 한다. 이를 위해 다음과 같이 다양한 정책적 과제를 제시하고 있다.

(a) 유럽연합에서 인공지능 시스템의 시장 출시, 서비스 제공 및 사용에 관한 조화 규칙.

(b) 특정한 인공지능 관행의 금지.

(c) 고위험 인공지능 시스템의 구체적 요건 및 해당 시스템 운영자의 의무.

(d) 특정한 인공지능 시스템에 관한 통일 투명성 규칙.

(e) 범용 인공지능 모델의 시장 출시에 관한 조화 규칙.

(f) 시장 모니터링, 시장 감시 거버넌스 및 집행에 관한 규칙.

(g) 특히 신생 기업을 포함한 중소기업(SME)에 중점을 둔 혁신 지원 조치.

「AI 기본법」

「AI 기본법」은 인공지능의 건전한 발전과 신뢰 기반 조성에 필요한 기본적인 사항을 규정함으로써 국민의 권익과 존엄성을 보호하고, 국민 삶의 질 향상과 국가 경쟁력을 강화하는 데 이바지함을 목적으로 한다.

그리고 인공지능의 발전과 신뢰 기반을 조성하는 것을 기본적인 목표로 하고 있다. 기술과 신뢰라는 가치의 양립을 기본적인 정책 목표로 하고 있다. 또한 여기에 머무르지 않고, 국민의 권익과 존엄성을 보호하도록 하고 있다. 인공지능이 가져올 수 있는 여러 가지 문제점으로 인해 인권이 훼손되지 않도록 하겠다는 것이다. 이를 위해 AI 신뢰성 확보를 위한 다양한 제도가 설계되고 있으며, 윤리적인 방법으로 법적인 한계를 보충할 수 있도록 하고 있다.

해결해야 할 과제

EU 「AI 법」

EU 「AI 법」은 유럽연합의 가치에 따라 유럽연합에서 인공지능 시스템(AI 시스템)의 개발, 시장 출시, 서비스 제공 및 사용을 위한 통일된 법체계를 정해 역내 시장의 기능을 개선하고 인간 중심적이고 신뢰할 수 있는 인공지능의 활용을 촉진함을 목적으로 한다. 이와 동시에 민주주의, 법치 및 환경 보호를 포함해 「헌장」에 명시된 보건, 안전, 기본권에 대한 높은 수준의 보호를 보장하는 한편 유럽연합 내에서 인공지능 시스템의 유해한 영향으로부터 시민을 보호하고, 혁신을 지원함을 목적으로 한다.

EU 「AI 법」은 인공지능 기반 상품 및 서비스의 인접국가 간 자유로운 이동을 보장한다. 그러므로 EU 「AI 법」에서 명시적으로 승인하는 경우를 제외하고, 회원국은 인공지능 시스템의 개발, 홍보 및 사용을 제한하지 아니해야 한다(상설 제1). 무엇보다 EU 「AI 법」은 유럽연합 내에서의 민주주의와 기본권의 보호를 목적으로 함을 알 수 있다. 여러 가지 정치적 이유가 있겠지만, AI 산업을 포함한 빅테크 기업의 규모가 크지 않다는 점에서 규제 지향적이라고 비판받기도 한다.

「AI 기본법」

「AI 기본법」에 따른 책무 규정에는 사업자와 국가의 책무가 규정되어 있다. 목적 규정이 추상적 가치를 담고 있다면, 국가의 책무에서는 현실적인 가치와 실행해야 할 전략을 제시한다. 책무는 책임과 함께 의무에 대한 기본 원칙을 담는다. 강제하기는 어렵지만, 그 책무를 다하지 않을 경우 비난 가능성이 있고 책무의 자발적 이행을 요구할 수도 있다.

무엇보다, 인공지능 기술과 인공지능 산업은 안전성과 신뢰성을 제고해 국민의 삶의 질을 향상하는 방향으로 발전되어야 한다는 것이다. 안전성과 신뢰성을 제고해야 한다는 점이고, 이는 주체에 대해 규정한 것이 아니기 때문에 사업자, 개발자, 이용자, 정책 당국 등 다양한 주체에게 부여한 책무로 이해된다.

또한, AI로부터 영향받는 자는 인공지능의 최종 결과

도출에 활용된 주요 기준 및 원리 등에 대해 기술적 · 합리적으로 가능한 범위에서 명확하고 의미 있는 설명을 제공받을 수 있어야 한다. 영향을 받는 자는 직접적인 이용자일 수도 있으며, 실질적으로 이용 당사자는 아니지만 단체, 집단 등에 적용될 경우 직간접적으로 영향을 받을 수 있는 자를 의미한다. 따라서 이들은 사업자 등에 대해 설명 요구권을 행사할 수 있다. 다만 이는 책무라는 점에서 구체적인 이행 방법이 제시되지 않았다는 한계를 갖고 있다.

아울러, 국가 및 지방 자치 단체는 인공지능 사업자의 창의 정신을 존중하고, 안전한 인공지능 이용 환경의 조성을 위해 노력해야 한다. 또한 국가 및 지방 자치 단체는 인공지능이 가져오는 사회 · 경제 · 문화와 국민의 일상생활 등 모든 영역에서의 변화에 대응해 모든 국민이 안정적으로 적응할 수 있도록 시책을 강구해야 한다. 국가와 지방 자치 단체의 책무에 관한 규정으로, 산업 및 기술 발전과 그에 따른 사회 전반의 변화에 대한 시책을 강구해야 한다. 이처럼, 책무 규정은 국가나 지방 자치 단체가 인공지능 관련 정책을 수립할 수 있는 근거로 역할을 하게 된다.

EU 「AI 법」의 정책적·법적 시사점

EU 「AI 법」은 인공지능 기술의 안전성과 기본권 보호를 핵심 가치로 삼아, 위험 기반 접근법을 구체화한 최초의 포괄적 규제 체계다. 이 법은 AI 시스템을 위험 수준에 따라 분류하고 고위험 시스템에 대해서는 데이터 품질, 편향 방지, 설명 가능성, 감사 가능성 등을 법적으로 요구함으로써, 데이터 거버넌스를 규제의 핵심 요소로 끌어올렸다. 개발자, 배포자, 사용자 등 다양한 행위자에 대한 책임을 명확히 하고, 기술적 통제와 법적 책임의 이중 프레임을 제시함으로써, 단순한 기술 규제를 넘어 사회적 신뢰 형성과 기본권 보호를 제도화하고자 한다. 더불어 EU는 「AI 법」을 통해 디지털 주권을 강화하고, 「일반 데이터 보호 규정(GDPR, General Data Protection Regulation)」에 이어 글로벌 기술 규범의 표준 형성자로 자리매김하려는 전략적 의도를 드러낸다. 이처럼 EU 「AI 법」은 기술 통제와 인권 보호, 국제 경쟁력 확보를 동시에 추구하는 규제 모델로서 전 세계에 강한 파급 효과를 미치고 있다.

우리나라의 대응 방향

우리나라는 EU 「AI 법」의 규제 원리를 참고하되, 산업 환경과 기술 발전 속도에 부합하는 유연하고 점진적인 규제 체계를 마련할 필요가 있다. 특히 고위험 분야(예: 의료, 금융, 교통 등)에서는 사전적 안전성과 책임성을 확보하는 정밀한 규제가 요구되며, 저위험 분야는 규제 샌드박스나 자율 규제 모델을 통해 기술 개발의 자율성과 실험성을 보장할 수 있다. 또한 AI 개발 과정에서 핵심이 되는 데이터 품질과 편향 방지에 대한 법적 기준을 명확히 하고, 데이터 거버넌스와 알고리즘 투명성 확보를 위한 제도적 장치를 강화해야 한다. 아울러 국제적으로 조화로운 규제 프레임을 갖추어 국내 기업들이 글로벌 시장에 진출할 수 있도록 규제 정합성을 확보하고, 윤리성과 사회적 수용성을 중심에 둔 규제 철학을 정립해야 한다. 규제는 산업 억제 수단이 아니라 기술 신뢰 생태계 조성을 위한 인프라라는 인식을 바탕으로, 산업 진흥과 기본권 보호가 병행되는 이중 전략이 필요하다.

02
규제 범위 및 대상

인공지능 사업자에 대한 규제 역할을 하는 법률은 사업자의 범위나 유형에 따른 의무를 지게 된다. 따라서 이를 구분하는 기준은 무엇보다 중요하다. 또한 실제 규제되는 대상과 예외를 확인함으로써 자신이 개발하는 AI 모델이나 시스템에 적용해야 할 의무를 명확하게 이행할 수 있다.

AI와 MBTI?

적용 대상

EU 「AI 법」

EU 「AI 법」은 기본적으로 인공지능 시스템에 관한 법률이다. 따라서 모든 AI 시스템을 기본적으로 대상으로 한다. 동 법에서는 인공지능 시스템을 배포 이후에 적응성을 보이고 명시적 또는 묵시적 목표를 위해 물리 환경이나 가상 환경에 영향을 미칠 수 있는 예측, 콘텐츠, 권고나 결정 등의 산출물을 생성하는 방법을 입력을 통해 추론할 수 있는 다양한 수준의 자율성을 가지고 작동하도록 설계된 기계 기반 시스템으로 정의한다. 챗GPT, 미드저니 등 AI 모델을 활용한 제품이나 서비스를 말한다.

생성형 AI의 도래로 데이터 기반의 머신 러닝을 통해 구축된 파운데이션 모델(Foundation Model)도 규제 대상에 포함된다. EU 「AI 법」에서는 범용 인공지능 모델에 대해서는, 대규모 데이터로 훈련되는 경우를 포함해, 해당 모델이 시장에 출시되는 방식에 관계없이 상당한 일반성을 보이고 광범위한 별개 업무를 능숙하게 수행할 수 있으며, 다양한 다운스트림 시스템이나 응용 프로그램에 통합될 수 있는 인공지능 모델로 설명한다. 다만, 시장에 출시되기 전에 연구, 개발 또는 시제품화 활동에 사용되는 인공지능 모델은 제외된다. 이러한 범용 인공지능 모델에 기반한 인공지능 시스템으로서, 직접 사용뿐만 아니라 다른 인공지능 시스템에 통합하는 다양한 목적으로 사용될 수 있는 성능을 가진 것으로 범용 인공지능 시스템을 정의하고 있다.

참고로, 규제 대상이 되는 기준은 '부동 소수점 연산'으로 하고 있다. 부동 소수점 연산이란 부동 소수점 수와 관련된 수학적 연산 또는 할당으로, 일반적으로 고정 기저의 정수 지수로 조정된 고정 정밀도의 정수로 컴퓨터에 표시되는 실수의 부분 집합을 말한다.

「AI 기본법」

「AI 기본법」에서 말하는 AI에는 모든 유형의 AI가 포괄적으로 적용된다. 특히 고영향 AI나 생성형 AI가 규제의 대상이 된다. 동 법에서 정의하는 인공지능이란 학습, 추론, 지각, 판단, 언어의 이해 등 인간이 가진 지적 능력을 전자적 방법으로 구현한 것을 말한다. 우리가 알고 있는 AI 모델을 의미한다. EU 「AI 법」과 같이, AI 모델을 이용하는 서비스 형태를 인공지능 시스템이라고 한다. 인공지능 시스템이란 다양한 수준의 자율성과 적응성을 가지고 주어진 목표를 위해 실제 및 가상 환경에 영향을 미치는 예측, 추천, 결정 등의 결과물을 추론하는 인공지능 기반 시스템을 말한다.

인공지능 시스템 중 사람의 생명, 신체의 안전 및 기본권에 중대한 영향을 미치거나 위험을 초래할 우려가 있는 인공지능 시스템을 고영향 인공지능이라 한다. 챗GPT를 시작으로 등장한 생성형 AI는 다양한 이슈를 가져오고 있다. AI의 흐름을 바꾸어 놓았다고 해도 과언이 아니다. 「AI 기본법」에 따르면, 생성형 인공지능이란 입력한 데이터의 구조와 특성을 모방해 글, 소리, 그림, 영상, 그 밖의 다양한 결과물을 생성하는 인공지능 시스템을 말한다.

인적 적용

EU 「AI 법」

EU 「AI 법」에서 적용되는 인공지능 사업자는 원칙적으로 유럽연합에서 인공지능 시스템을 시장에 출시하거나 서비스를 제공하는 제공자 또는 범용 인공지능 모델을 시장에 출시하는 제공자를 말한다. 따라서 해당 제공자가 유럽연합 내 또는 제3국에서 설립되었거나 소재하고 있는지는 묻지 아니한다. 우리나라에서 인공지능을 개발하더라도, 유럽연합에서 이용할 수 있도록 한다면 이는 적용 대상이 된다는 의미다. 규제 수준이 높은 EU 시장에 AI 제품이나 서비스를 제공하는 사업자라면 적용을 받는다.

(a) 유럽연합에서 인공지능 시스템을 시장에 출시하거나 서비스를 제공하는 제공자 또는 범용 인공지능 모델을 시장에 출시하는 제공자. 해당 제공자가 유럽연합 내 또는 제3국에서 설립되었거나 소재하고 있는지는 묻지 아니한다.

(b) 유럽연합 내에서 설립되었거나 소재하고 있는 인공지능 시스템의 배포자.

(c) 인공지능 시스템의 산출물을 유럽연합에서 사용하는 경우, 제3국에서 설립되었거나 소재하고 있는 인공지능 시스템의 제공자 및 배포자.

(d) 인공지능 시스템의 수입업자 및 유통업자.

(e) 자신의 명의 또는 상표로 그 제품과 함께 인공지능 시스템을 시장에 출시하거나 서비스를 제공하는 제품 제조업자.

(f) 유럽연합에서 설립되지 아니한 제공자의 수권 대리인.

우리나라 사업자가 EU 규제를 피하는 방법은 EU IP를 차단하는 것 이외에는 찾기 어렵다. 물론 네이버 등

EU 사업장을 갖고 있는 사업자라면 당연히 적용된다고 할 것이다.

「AI 기본법」

「AI 기본법」의 적용을 받는 사업자는 AI 개발 사업자와 개발 이용자로 단순하다. 고영향 AI나 생성형 AI를 규제한다고 하지만, 구체적인 규제 기준을 제시하고 있는 것은 아니다. 동 법에서 정의하는 사업자는 크게 인공지능을 개발하는 사업자와 이를 이용해 제품이나 서비스를 제공하는 자다. 크게, 인공지능 산업과 관련된 사업을 하는 자로서 다음 각 목의 어느 하나에 해당하는 법인, 단체, 개인 및 국가 기관 등을 말한다.

> 가. 인공지능 개발 사업자: 인공지능을 개발해 제공하는 자.
> 나. 인공지능 이용 사업자: 가목의 사업자가 제공한 인공지능을 이용해 인공지능 제품 또는 인공지능 서비스를 제공하는 자.

경우에 따라, 개발 사업자가 자신의 AI 모델을 이용해 제품이나 서비스를 제공할 수 있기 때문에 개발 사업자와 이용 사업자가 동일할 수 있다.

적용 제외

인공지능은 상당한 위험성이 있기 때문에 안전을 강조하고 있다. 그렇지만 AI의 활용은 다양한 분야에서 이뤄지고 있기 때문에 예외를 두고 있다. 법률의 원칙 중 하나는 예외 없는 법률은 없다는 점이다. 이에 따라, 국방이나 안보 등을 이유로 본 법의 규제 적용을 제외하고 있다.

EU 「AI 법」

EU 「AI 법」은 유럽연합 법령이 적용되지 아니하는 지역에는 적용하지 아니하고, 어떠한 경우에도 국가 안보에 관한 회원국의 권한에는 영향을 미치지 아니한다. 회원국이 해당 권한과 관련된 업무의 수행을 위임한 경우, 그 위임한 기관의 종류는 묻지 아니한다(제2조 제3항).

「AI 기본법」

「AI 기본법」은 국외에서 이뤄진 행위라도 국내 시장 또는 이용자에게 영향을 미치는 경우에는 적용한다. 예를 들면, EU 사업자가 제공하는 AI 서비스가 국내 이용자의 안전에 영향을 미치는 경우라면 동 법의 적용을 받는다는 의미다. 따라서 생성형 AI 서비스를 제공하는 사업자라면 표시 의무를 이행해야 한다. 또한 대리인을 지정해 서비스로 인해 발생할 수 있는 문제에 신속하게 대응할 수 있는 체계를 갖추어야 한다.

이 법은 국방 또는 국가 안보 목적으로만 개발 · 이용되는 인공지능으로서 대통령령으로 정하는 인공지능에 대해서는 적용하지 아니한다. 가장 중요한 예외가 될 수 있는 규정이다. 국방이나 국가 안보만을 위한 경우에는 동 법의 적용을 받지 않는다는 의미다. 문제는 국방이나 안보를 목적으로 개발했으나, 향후 다른 분야에서 사용하는 경우에는 어떻게 할 것인지다. 기본적으로는 그 시점에서 이 법의 적용을 받는 것은 입법 취지에 따라 당연하다.

대리인 제도

EU 「AI 법」

수권 대리인 제도는 고위험 AI 시스템이나 범용 인공지능 모델 제공자에게 규정된 의무다. 먼저, 고위험 인공지능 시스템 제공자의 수권 대리인에 관해 살펴본다. 고위험 인공지능 시스템을 시장에게 이용할 수 있게 하기 전에 제3국에서 설립된 제공자는 서면 위임장으로 유럽연합에서 설립된 수권 대리인을 임명해야 한다. 이때, 제공자는 그 수권 대리인이 제공자로부터 수령한 위임장에 명시된 업무를 수행할 수 있도록 보장해야 한다. 수권 대리인은 제공자로부터 수령한 위임장에 명시된 업무를 수행한다. 수권 대리인은 요청이 있을 때에는 관할 기관이 지시하는 바에 따라 유럽연합 기관의 공식 언어 중 하나로 시장 감시 기관에 해당 위임장 사본을 제출한다. 이 규정의 목적상 위임장에서는 수권 대리인에게 다음과 같은 업무를 수행할 권한을 부여한다. 수권 대리인은 제공자가 이 규정에 따른 의무에 반해 행위하고 있다고 판단하거나 그와 같이 판단할 이유가 있는 경우에는 위임을 종료해야 한다. 이 경우에도 즉시 관련 시장 감시 기관뿐만 아니라 해당되는 경우, 관련 인증 기관에 위임의 종료와 그 이유를 알려야 한다(제22조). 부속서 III에서 정하는 고위험 인공지능 시스템을 시장에 출시하거나 서비스를 제공하기 전에 부속서 III 제(2)항에 언급된 고위험 인공지능 시스템을 제외하고, 제공자 또는 해당되는 경우, 수권 대리인은 제71조에 언급된 유럽연합 데이터베이스에 자신과 해당 시스템을 등록한다(제49조).

다음으로, 범용 인공지능 모델 제공자의 수권 대리인에 대해 살펴본다. 유럽연합 시장에 범용 인공지능 모델을 출시하기 전에 제3국에서 설립된 제공자는 서면 위임장으로 유럽연합 내에서 설립되는 수권 대리인을 임명해야 한다. 제공자는 그 수권 대리인에게 제공자로부터 수령한 위임장에 명시된 업무를 수행하도록 보장해야 한다. 수권 대리인은 제공자로부터 수령한 위임장에 명시된 업무를 수행한다. 요청이 있는 경우에는 유럽연합 기관의 공식 언어 중 하나로 인공지능 사무국에 위임장 사본을 제출해야 한다(제54조).

수권 대리인 제도를 위반할 경우에 벌칙 규정을 살펴본다. EU「AI 법」제5조에서 정하는 경우를 제외하고, 운용자 또는 인증 기관과 관련된 다음의 조항을 준수하지 아니하는 경우에는 최대 15,000,000유로 또는 위반자가 기업인 경우에는 직전 회계 연도의 전 세계 총 연간 매출액의 최대 3퍼센트 중 높은 금액의 과징금을 적용한다(제99조).

「AI 기본법」

「AI 기본법」도 국내 대리인을 지정토록 하고 있다. 국내 대리인을 지정토록 하는 이유는 AI 사업자가 지켜야 할 여러 가지 사항에 대한 이행 여부를 확인할 수 있도록 하자는 취지다. 그동안 일반적인 전기통신 역무에서 해외 사업자들은 자신이 제공하는 서비스에 대한 지속적인 관리 책임을 지지 않았다. 이는 결과적으로 국내 소비자의 이용이나 후생의 저해를 가져왔다. 이러한 이유로, 「AI 기본법」에서도 대리인 제도를 규정하고 있다.

국내에 주소 또는 영업소가 없는 인공지능 사업자로서 이용자 수, 매출액 등이 대통령령으로 정하는 기준에 해당하는 자는 다음 각 호의 사항을 대리하는 자(이하 '국내 대리인')를 서면으로 지정하고, 이를 과학기술정보통신부장관에게 신고해야 한다.

1. 제32조 제2항에 따른 이행 결과의 제출.
2. 제33조 제1항에 따른 고영향 인공지능 해당 여부 확인의 요청.
3. 제34조 제1항 각 호에 따른 안전성 · 신뢰성 확보 조치의 이행에 필요한 지원(같은 항 제5호에 따른 문서의 최신성 · 정확성에 대한 점검을 포함한다).

국내 대리인은 국내에 주소 또는 영업소가 있는 자로 한다. 국내 대리인이 이 법을 위반한 경우에는 해당 국내 대리인을 지정한 인공지능 사업자가 그 행위를 한 것으로 본다(제36조). 다만, 대리인의 위법 행위에 대해서는 벌칙 규정을 두고 있지 않다는 점에서 실효성을 담보하기가 쉽지 않을 것으로 보인다.

03
위험 기반 접근법

EU 「AI 법」은 위험 기반 접근법을 핵심 규제 철학으로 채택해, AI 시스템이 초래할 수 있는 위험 수준에 따라 차별화된 규제를 적용한다. 이는 기술 혁신을 촉진하면서도 기본권, 안전, 공공 이익을 보호하기 위한 균형 잡힌 접근 방식으로 설계되었다.

AI와 난임 극복?

EU가 위험 기반 규제를 채택한 이유

EU는 AI 기술이 광범위한 산업과 사회 영역에서 활용되는 만큼, 일률적인 규제보다는 위험의 정도에 따라 차등적으로 규제하는 방식이 더 합리적이라고 판단했다. 이는 AI 기술이 가진 이중적 속성, 즉 혁신을 촉진하는 동시에 심각한 위험을 초래할 수 있는 가능성을 균형 있게 조정하기 위한 전략이다.

AI 기술의 다양성과 광범위한 적용 가능성

AI는 의료, 금융, 교육, 공공 행정 등 다양한 분야에서 활용된다. 하지만 같은 AI 기술이라도 사용되는 맥락에 따라 위험 수준이 크게 달라질 수 있다. 예를 들어, AI 채팅봇과 AI 기반 의료 진단 시스템은 모두 인공지능이지만, 후자의 경우 잘못된 판단이 생명과 직결될 수 있어 훨씬 더 강한 규제가 필요하다. 따라서 EU는 일률적인 규제보다는 위험 수준을 기준으로 한 차등적 접근이 필요하다고 판단했다. 이를 통해 규제 준수 부담을 최소화하면서도, 위험성이 높은 AI 시스템에 대해서는 강력한 감독과 통제를 가할 수 있도록 했다.

혁신과 안전성의 균형 유지

EU는 AI 기술을 경제 성장과 경쟁력을 강화하는 핵심 요소로 보고 있다. 하지만 과도한 규제는 기업들이 AI 개발을 위축시키고, 혁신을 저해할 우려가 있다. 반면 규제가 너무 느슨하면 AI 오작동으로 인한 심각한 사회적 피해가 발생할 가능성이 높아진다. 이러한 딜레마를 해결하기 위해 EU는 위험 기반 접근법을 채택했다. 즉, 저위험 AI 시스템은 규제 부담을 최소화하고, 고위험 AI 시스템은 엄격한 법적 요건을 적용하는 방식이다. 이를 통해 기업들이 과도한 규제 부담 없이 AI 기술을 개발하고 활용할 수 있도록 하면서도, 시민과 소비자의 안전을 보호하는 균형을 맞추려 한 것이다.

사회적 신뢰 확보

AI가 확산될수록 신뢰가 핵심 요소로 작용한다. 특히 AI의 결정이 사회적 영향을 미치는 경우(예: 채용 AI, 신용평가 AI), 시민들은 AI 시스템이 공정하고 투명하게 운영되기를 기대한다. EU는 위험 기반 규제를 통해 AI 시스템의 신뢰성을 높이고, 기업과 소비자가 AI 기술을 보다 적극적으로 활용할 수 있도록 유도하려 한다. 위험이 낮은 AI는 자율적인 가이드라인을 따르도록 유도하되,

위험이 높은 AI는 법적 요건을 부과해 책임성을 강화함으로써 사회적 신뢰를 형성하고 AI 기술의 수용성을 높이는 것이 목표였다.

기존 EU 규제 프레임워크와의 일관성 유지

EU는 기존의 제품 안전 규제(예: CE 마크 인증 시스템)에서도 위험 기반 접근법을 활용해 왔다. 즉, 특정 제품이 소비자에게 미칠 위험 수준에 따라 안전 기준을 차등적으로 적용하는 방식이다. AI 기술도 마찬가지로, 위험의 정도에 따라 다른 규제 수준을 적용하는 것이 기존의 EU 법체계와 일관성을 유지하는 데 유리했다. 이를 통해 기업들이 기존의 규제 체계를 참고해 AI 규제에도 적응하기 쉽게 만들고, 법적 일관성을 유지하려는 의도다.

이처럼 EU가 AI 규제를 위험 기반 접근법으로 설계한 이유는 AI 기술의 다양성, 혁신과 안전의 균형, 사회적 신뢰 형성, 기존 법체계와의 정합성을 고려했기 때문이다. 이를 통해 기업에는 유연성을 제공하면서도, AI 기술이 초래할 수 있는 위험에 대한 효과적인 규제 시스템을 구축하려 했다. 이는 AI 기술이 글로벌 시장에서 안전하게 활용될 수 있도록 하면서도, 유럽이 AI 기술 규제의 표준을 선도하려는 전략적 선택이라고 볼 수 있다.

EU AI 위험 기반 규제 유형

EU 「AI 법」은 AI 시스템이 초래할 수 있는 위험 수준을 기준으로 네 가지 범주로 분류하고, 이에 따라 차등적인 규제를 적용하는 방식을 채택하고 있다. 이러한 접근법은 AI 기술 발전을 저해하지 않으면서도, 사용자 보호와 사회적 신뢰를 확보하기 위한 전략적 규제 모델이다. AI가 사람의 권리와 안전에 미치는 영향을 고려해 규제 강도를 조정하는 방식으로, 위험이 클수록 강한 규제를 적용하고, 위험이 낮을수록 규제 부담을 줄이는 방향으로 설계되어 있다.

금지된 AI 시스템 (Prohibited AI Systems): 인간의 기본권을 심각하게 침해할 위험이 있는 AI

EU 「AI 법」은 일부 AI 시스템을 전면 금지하고 있다. 이러한 AI 시스템은 인간의 존엄성과 기본권을 심각하게 침해할 위험이 크다고 판단되기 때문이다. 주로 정부나 기업이 대규모로 감시하거나, 개인의 행동을 조작해 자유로운 의사 결정을 방해하는 AI가 여기에 해당한다. 예를 들어, 공공장소에서 AI를 활용해 무차별적으로 생체 정보를 수집하고 분석하는 '대규모 생체 인식 감시 시스템'은 원칙적으로 금지된다. 이는 시민의 프라이버시를 심각하게 침해할 가능성이 있기 때문이다. 또한 개인의 행동을 점수화해 신용, 취업, 복지 혜택 등에 영향을 미치는 '사회적 점수 시스템(Social Scoring)' 역시 금지된다. 특정 집단이나 개인에게 불이익을 주거나 차별을 조장할 가능성이 크기 때문이다.

이 외에도, 인간의 무의식적인 반응을 조작해 특정한 행동을 유도하는 AI 시스템도 금지된다. 예를 들어, AI가 사람의 감정을 분석한 후 특정한 구매 결정을 유도하거나, 정치적 신념을 조작하는 방식으로 활용될 경우, 이는 심각한 윤리적 문제를 초래할 수 있다. 다만, 공공의 이익을 위한 특정한 목적(예: 테러 방지, 중범죄 수사)에서는 일부 예외가 적용될 수 있다.

고위험 AI 시스템(High-Risk AI Systems): 강력한 규제 적용이 필요한 AI

고위험 AI 시스템은 인간의 생명, 건강, 안전, 기본권 등에 중대한 영향을 미칠 가능성이 높은 AI 시스템을 의미한다. EU 「AI 법」은 이러한 AI에 대해 엄격한 법적 요구사항을 적용해 위험을 최소화하고자 한다.

대표적인 예로, 의료 AI 시스템이 있다. AI가 환자의 질병을 진단하고 치료 계획을 제시하는 경우, 오작동으로 인해 잘못된 진단이 내려질 위험이 있다. 이에 따라, 의료 AI 시스템은 높은 수준의 데이터 품질을 유지하고, 성능 검증 절차를 거쳐야 하며, 최종적으로 인간 전문가가 결정을 내릴 수 있도록 해야 한다.

노동 시장 및 인사 관리에 활용되는 AI도 고위험 범주에 속한다. 기업이 AI를 이용해 채용 결정을 내리거나, 직원의 성과를 평가하고 해고 여부를 결정하는 경우, AI의 편향성(Bias) 문제로 인해 특정 집단이 부당하게 차별을 받을 가능성이 있다. 이에 따라, 이러한 AI 시스템은 투명성을 유지하고, 차별적 영향을 평가하는 과정이 필수적으로 요구된다.

사법 및 법 집행 기관이 활용하는 AI도 고위험 시스템에 해당한다. 예를 들어, AI 기반 거짓말 탐지기나, 범죄 예측 시스템은 오판의 가능성이 있으며, 법적 책임과 관련한 논란을 야기할 수 있다. 따라서 이러한 AI 시스템은 개발 단계에서부터 엄격한 검토와 모니터링을 거쳐야 하며, 인간의 최종 감독이 필수적으로 보장되어야 한다.

이러한 고위험 AI 시스템은 기본적으로 데이터 품질 및 신뢰성 보장, 문서화 및 투명성 유지, 인간 감독(Human Oversight) 보장, 보안 및 강건성(Security & Robustness) 확보 등의 규제를 준수해야 한다. 이를 위반할 경우, 기업은 강력한 행정적 제재를 받을 수 있다.

제한적 위험 AI 시스템(Limited-Risk AI Systems): 최소한의 규제 적용

제한적 위험 AI 시스템은 사용자에게 상대적으로 낮은 위험을 초래하는 AI를 의미하며, EU 「AI 법」은 이러한 시스템에 대해 최소한의 규제만 적용한다. 주요 규제 요건은 AI가 자동화된 시스템임을 사용자에게 명확히 알릴 것이다. 예를 들어, 고객 서비스 챗봇이 여기에 해당한다. 고객이 AI와 대화하고 있다는 사실을 인지하지 못할 경우, 중요한 결정을 내리는 데 혼란이 생길 수 있다. 따라서 AI 시스템이 제공하는 서비스가 AI 기반이라는 점을 사용자에게 고지해야 한다.

또한 온라인 플랫폼의 추천 알고리즘도 제한적 위험 범주에 속한다. 넷플릭스, 유튜브, 아마존 같은 서비스는 AI를 활용해 개인 맞춤형 콘텐츠를 추천하지만, 이러한 추천이 사용자에게 직접적인 해를 끼칠 가능성은 크지 않다. 따라서 플랫폼은 사용자에게 AI 추천 시스템이 작동하고 있음을 알리는 정도의 규제를 준수하면 된다.

최소 위험 AI 시스템(Minimal-Risk AI Systems): 규제 대상이 아닌 AI

최소 위험 AI 시스템은 규제 대상이 아니며, 자유롭게 개발 및 배포가 가능하다. 이는 AI 기술 혁신을 장려하고, 불필요한 규제로 인해 기업 활동이 위축되는 것을 방지하기 위한 조치다. 예를 들어, 비디오 게임에서 NPC(Non-Player Character)의 행동을 결정하는 AI, AI 기반 문법 검사기, 번역 서비스 등이 여기에 해당한다. 이러한 AI 시스템은 사용자의 일상생활에 편의를 제공하지만, 직접적인 위해를 초래하지 않기 때문에 별도 규제가 적용되지 않는다. 다만 「일반 데이터 보호 규정(GDPR, General Data Protection Regulation)」이나 「소비자 보호법」 같은 기존 법률은 적용될 수 있을 것이다.

EU 「AI 법」의 위험 기반 접근법의 의의

EU 「AI 법」의 위험 기반 규제는 AI 기술의 위험성을 객관적으로 평가하고, 그에 맞는 차등적 규제를 적용하는 방식이다. 이러한 접근법을 통해, EU는 혁신과 안전 사이의 균형을 유지하고자 한다. AI 기술이 발전할수록 규제 환경도 함께 진화할 필요가 있으며, 모든 AI를 동일한 수준에서 규제하는 것이 아니라, 실제 위험성을 고려해

맞춤형 규제를 적용하는 것이 보다 효율적이라는 점에서 이 접근법의 의미가 크다.

EU 「AI 법」의 이 원칙은 글로벌 AI 규제의 기준이 될 가능성이 높으며, 다른 국가들도 유사한 방식의 규제 체계를 도입할 가능성이 크다. 이에 따라, AI를 개발하고 활용하는 기업들은 이러한 규제 원칙을 충분히 이해하고, 자사의 AI 시스템이 어느 범주에 해당하는지 분석한 후, 규제 요건을 충족할 수 있도록 대비해야 할 것이다.

이와 같이 EU 「AI 법」은 AI 시스템을 위험도에 따라 차별적으로 규제하고 있으며, 고위험과 금지된 AI 시스템에 대해서는 엄격한 규제와 법적 요구 사항을 부과하고 있다. 반면, 최저 위험과 제한된 위험 범주의 시스템에 대해서는 상대적으로 유연한 규제를 적용하고 있다.

04
유형별 규제 모델

초거대 AI 모델(Foundation Models, General-Purpose AI)이나 시스템적으로 중요한 초거대 AI 모델은 사회 전반에 미치는 파급력이 크기 때문에 보다 엄격한 규제 대상이 된다. 생성형 AI 모델 개발자와 배포자는 초거대 AI 모델에 대한 규제 요건을 준수해야 하며, 특히 데이터 투명성, 보안성, 윤리적 책임에 대한 기준을 엄격히 따라야 한다.

AI와 사주?

초거대 AI 모델

초거대 AI 모델의 특징

초거대 AI 모델은 특정 목적이 아닌 광범위한 용도로 활용될 수 있는 범용 AI(General-Purpose AI, GPAI)를 의미하며, 특히 대규모 데이터와 컴퓨팅 자원을 사용해 훈련된 AI 모델이 이에 해당한다. 초거대 AI 모델(Foundation Models)에 대한 규제는 EU 「AI 법」에서 가장 혁신적이고 시대적인 대응이라고 평가받는 부분 중 하나다. 초거대 AI 모델은 단일 목적에 최적화된 AI가 아니라, 범용적 기능과 다양한 응용 가능성을 내포한 대규모 머신 러닝 시스템을 말한다. 이러한 모델은 많은 데이터와 컴퓨팅 자원을 바탕으로 훈련되며, 다양한 산업과 응용 분야에서 2차적 활용이 가능하다. 예컨대, 오픈AI(OpenAI)의 GPT 시리즈, 메타(Meta)의 라마(LLaMA), 구글 딥마인드(DeepMind)의 제미나이(Gemini) 등은 언어 처리, 코드 생성, 콘텐츠 생성, 데이터 분석 등 다수의 목적에 사용될 수 있는 전형적인 초거대 AI 모델로 분류된다.

유럽연합은 이와 같은 AI 모델이 기존의 고위험 AI 시스템과는 전혀 다른 성격을 갖는다고 보고, 별도의 법적 지위를 부여하고 있다. 초거대 AI 모델은 특정 제품이나 서비스에만 통합되는 것이 아니라, AI 생태계 전체의 기반으로 작동하기 때문에 그 자체로 사회 전반에 영향을 미칠 수 있다. 이는 한 기업이나 한 기술 분야의 문제가 아닌, 거시적이고 구조적인 규제 대상으로 간주되어야 한다는 인식에 기반한다.

초거대 AI 모델 사업자의 의무

EU 「AI 법」은 이에 따라 초거대 AI 모델에 대해 일반적인 범용 AI보다 더 엄격하고 포괄적인 규제를 적용하고 있다. 초거대 AI 모델이 직접적으로 고위험 애플리케이션에 통합되지 않더라도, 그러한 활용 가능성이 열려 있는 한 그 훈련 과정 및 설계, 배포 단계에서부터 사전적인 책임성을 요구하는 것이다. 이러한 규제는 선제적 위험 관리의 원칙에 기반을 두고 있다.

법적으로, 초거대 AI 모델의 개발자와 제공자는 다음과 같은 주요 의무를 부담한다.

첫째, 투명성 의무가 핵심이다. 초거대 모델의 훈련에 사용된 데이터의 출처, 데이터 구성의 일반적 특성, 포함된 저작물이나 개인정보의 존재 여부 등에 대해 문서화하고 이를 일정 부분 공개해야 한다. 이는 단순한 기술 문서화의 요구가 아니라, AI 모델의 학습 경로와 잠재적 편향성을 공개해, 향후 사회적 · 법적 책임의 추적 가능성을 보장하기 위한 장치다.

둘째, 모델 안전성 확보와 위험 평가가 필수다. 초거대 AI는 그 범용성 때문에 예측하지 못한 방식으로 악용되거나 오작동할 가능성이 높다. 따라서 개발 단계에서부터 '레드팀 테스트(Red Teaming)' 같은 시나리오 기반 모의 훈련을 시행하고, 모델이 생성할 수 있는 위험 시나리오를 식별하고 대응 방안을 마련해야 한다. 이는 특히 생성형 AI 기능을 내장한 모델에서 중요하다. 예컨대, 거짓 정보 생성, 인종차별적 표현, 폭력적 콘텐츠의 유포 가능성 등을 기술적으로 탐지하고 방지할 수 있는 장치를 요구받는다.

셋째, 지속적인 감시 및 업데이트 의무가 규정되어 있다. 초거대 AI 모델은 출시 이후에도 수많은 응용 사례와 상호작용을 통해 새로운 위험을 발생시킬 수 있다. 이에 따라, 개발자는 모델의 성능과 위험도를 지속적으로 모니터링하고, 업데이트 사항 및 발견된 문제를 규제 당국에 보고하며, 필요한 경우 추가 조치를 취해야 한다. 이는 일반 제품과 달리, AI 시스템은 '배포 후에도 진화'한다는 특수성을 고려한 규정이다.

넷째, 사이버 보안 및 남용 방지 조치 또한 법적으로 의무화되어 있다. 초거대 AI 모델이 해킹되거나 조작될 경우, 그 피해는 개별 사용자나 서비스에 국한되지 않고 사회 전체로 확산될 수 있다. 따라서 훈련 데이터세트의 무결성, API 접근 제어, 모델 파라미터 보호 등을 포함하는 보안 아키텍처를 설계 단계에서부터 구비해야 하며, 악의적 활용을 탐지할 수 있는 기술적 · 조직적 시스템을 운영해야 한다.

이러한 규제는 단순히 기업의 책임을 강화하기 위한 것이 아니라, 초거대 AI 모델이 가지는 시민적 · 윤리적 · 정치적 파급력을 고려한 규범적 대응이라고 볼 수 있다. 유럽연합은 초거대 AI 모델이 민주적 가치, 정보의 다양성, 인간 존엄성에 미치는 영향을 실질적으로 통제하기 위한 법적 기반을 마련하려는 것이다. 이와 같은 규제 철학은 미국이나 중국 등 타 법권과 차별화되는 유럽의 디지털 거버넌스 전략의 핵심이다.

결국, 초거대 AI 모델은 기존의 기술 규제에서 벗어나, 플랫폼이자 공공 인프라로서의 AI라는 새로운 법적 지위를 부여받고 있다. 따라서 이 모델을 개발하거나 배포하는 기업은 단지 기술적 성능만이 아니라, 책임성 있는 설계, 공공성과 호환되는 구조, 사후 리스크에 대한 지속적 대응이라는 전면적인 전략을 갖추지 않으면 안 된다. EU 「AI 법」은 초거대 AI 모델을 단순한 기술 집합체가 아니라, 사회 계약적 대상으로 본다는 점에서, AI 거버넌스의 새로운 지평을 연 규범적 시도라고 평가할 수 있다.

시스템적으로 중요한 초거대 AI 모델

특징

시스템적으로 중요한 범용 AI 모델(Systemically Important GPAI)은 일반적인 초거대 AI 모델(범용 AI 모델)보다 훨씬 더 높은 수준의 사회적, 경제적, 정치적 영향을 미치는 AI 시스템을 의미한다. 이는 단지 기술적 범용성을 넘어, 해당 AI 시스템이 공공 안전, 경제 질서, 정보 흐름, 국가 안보 등에 직접적인 영향을 미칠 수 있는 잠재력을 가진 경우를 말한다. 따라서 EU 「AI 법」은 이들에 대해 별도의 추가 규제를 마련하고 있으며, 이는 일반적인 GPAI보다 훨씬 더 높은 수준의 책임과 투명성을 요구한다.

GPAI는 EU 「AI 법」의 최신 정치 합의 및 규제 철학에서 가장 주목할 만한 개념 중 하나다. 이는 일반적인 고위험 AI 시스템이나 일반적 범용 AI보다 더 큰 사회적 영향력과 구조적 중요성을 가진 모델로, 개별 애플리케이션을 넘어 사회 전반의 정보 흐름, 경제 질서, 민주주의적 가치에 중대한 영향을 미칠 수 있는 AI 시스템을 지칭한다. 유럽연합은 이 모델들이 갖는 구조적 위험성을 고려해, 이들을 별도로 식별하고 고도화된 규제 틀을 통해 관리하고자 했다.

시스템적 GPAI의 법적 근거는 2023년 말 정치적 합의에 이른 EU 「AI 법」의 제5장(특히 Article 52 이하)에서 확인할 수 있다. 이 규정은 일반 GPAI에 대한 기본적 규제의 연장선상에 있으며, 특히 '시장 지배력', '사용자 규모', '사회적 파급력' 등을 기준으로 특정 범용 AI 모델을 '시스템적으로 중요하다'고 판단할 수 있는 근거를 마련했다. 유럽연합이 이 개념을 법제화한 주된 취지는, 대형 기술 기업들이 개발한 초거대 AI 모델이 개별 산업이나 특정 애플리케이션을 넘어 플랫폼 인프라로 기능하고 있는 현실을 반영하기 위함이다. 단지 기술적 위험뿐 아니라, 정보 비대칭, 권력 집중, 민주주의의 왜곡, 시장 질서 교란 등 거시적 위험이 발생할 수 있다는 우려가 입법적 배경에 자리하고 있다.

의무

시스템적으로 중요한 GPAI로 지정된 모델의 개발자 및 제공자는 매우 강력한 의무를 이행해야 한다. 첫째, 이들은 자신들의 모델이 EU 시장에서 단기간 내에 폭넓게 채택되거나, 사회적으로 핵심 인프라와 결합되어 운영되는 경우, 자율적으로 EU 집행위에 해당 모델의 영향력에 대한 정보를 제공해야 하며, 집행위가 이를 시스템적 GPAI로 분류할 수 있다. 둘째, 시스템적 GPAI는 강화된 투명성, 책임성, 안전성 기준을 준수해야 한다. 이에는 AI 모델의 훈련 데이터에 대한 출처 공개, 데이터세트 구성의 편향성 점검, 기술 문서화와 사용자 설명 가능성 확보 등의 요소가 포함된다. 특히 이들 모델은 사회 전체에 영향을 미치는 리스크를 내포하고 있다는 점에서 고위험 AI보다도 더 심화된 수준의 사전적(ex ante) 평가, 즉 사전 영향성 평가와 시나리오 기반 리스크 시뮬레이션(red-teaming)을 의무적으로 수행해야 한다.

또한 시스템적 GPAI 제공자는 EU 집행위원회 및 관할 규제 당국과의 지속적인 소통을 유지하고, AI 시스템의 주요 업데이트, 사고 발생 내역, 악용 사례에 대한 보고 의무를 이행해야 한다. 이와 함께 독립된 제3의 감시기관 또는 지정 감사자에 의한 외부 감사를 정기적으로 수용해야 하며, 그 결과는 일정한 경우 공개될 수 있도록 준비해야 한다. 이는 이들 모델이 갖는 공공성 내지 사회적 책임에 비추어, 전통적인 사적 자산이 아닌 '사회 기반 구조로서의 AI' 개념에 입각한 규제 철학을 반영한 것이다.

EU 「AI 법」에서 시스템적으로 중요한 GPAI를 규율하는 방식은 단순히 특정 모델을 규제하는 것이 아니라, AI를 둘러싼 권력 구조와 사회적 영향의 분포를 재정의하려는 시도로 이해될 수 있다. 이는 디지털 시장에서의 독과점 문제, 정보 비대칭의 극복, 민주적 통제의 회복이라는 유럽연합의 광범위한 정책 목표와도 맞닿아 있다. 따라서 이 규정은 향후 기술적 기준을 넘어 법적 · 정치적 · 윤리적 AI 거버넌스의 정합성을 시험하는 핵심 조항이 될 가능성이 크다. AI 기업들은 단순히 법률의 문언에 맞춰 기술적 조치를 취하는 것을 넘어, 사회적 책임과 거버넌스를 고려한 종합적 전략을 세워야 할 시점에 이르렀다고 볼 수 있다.

「AI 기본법」에 따른 고영향 사업자의 의무

고영향 인공지능을 이용한 제품이나 서비스를 제공하는 경우에는 인공지능의 투명성 확보를 위해 몇 가지 의무

사항을 두고 있다. 인공지능 사업자는 고영향 인공지능을 이용한 제품 또는 서비스를 제공하려는 경우 제품 또는 서비스가 해당 인공지능에 기반해 운용된다는 사실을 이용자에게 사전에 고지해야 한다.

05
생성형 AI 규제: 투명성 의무 (제50조)

챗GPT와 파이어플라이 같은 생성형 AI는 EU 「AI 법」에 따라 기초 모델(Foundation Models)의 하위 유형으로 분류된다. 이러한 모델은 대규모 데이터세트를 기반으로 학습하며, 다양한 응용 프로그램에서 활용될 수 있는 범용성을 지니고 있다. 생성형 AI는 제52조와 기타 관련 조항에 따라 규제를 받으며, 투명성, 데이터 관리, 기술 문서화, 불법 콘텐츠 방지 등 여러 의무를 준수해야 한다.

AI와 아이돌?

일반 목적 AI 및 생성형 AI의 규제

EU 「AI 법」은 인공지능 시스템이 초래할 수 있는 위험을 고려해 AI 시스템을 여러 범주로 분류하고, 각 범주에 따라 차별화된 규제를 적용한다. 생성형 AI는 최근 급격히 발전하면서 텍스트, 이미지, 오디오, 코드 등을 생성할 수 있는 모델로 활용되고 있으며, 챗GPT, 달리(DALL · E), 제미나이(Gemini), 클로드(Claude) 등의 대규모 언어 모델이 대표적인 예다. 이러한 생성형 AI는 단순한 정보 제공뿐만 아니라 교육, 의료, 법률, 금융, 법집행 등 다양한 분야에서 사용될 가능성이 있어, 특정한 상황에서는 높은 사회적 위험을 초래할 수 있다.

EU 「AI 법」은 특정 용도로 한정되지 않고 다양한 분야에서 활용될 수 있는 AI를 일반 목적 AI(GPAI)로 정의하고 있으며, 생성형 AI는 이 범주에 속한다. 생성형 AI는 텍스트, 이미지, 오디오, 코드 등을 생성할 수 있는 특성을 가지며, 이에 따라 책임성과 투명성 확보가 중요한 정책적 목표로 설정되었다. 특정한 위험이 동반될 경우 고위험 AI 시스템으로 지정해 보다 엄격한 규제를 적용하고 있다.

GPAI 모델을 개발하는 기업과 공급자는 AI 시스템의 성능, 한계, 데이터 소스 등에 대한 적절한 문서화 의무를 지게 된다. 이는 AI 모델이 어떠한 방식으로 학습되었으며, 어떠한 데이터를 기반으로 동작하는지를 명확히 밝힘으로써 AI의 오남용을 방지하고 책임 소재를 명확히 하기 위한 조치다. 또한, AI가 생성한 결과물이 인간이 창작한 것과 혼동되지 않도록, 사용자에게 충분한 정보를 제공해야 한다. 특히 생성형 AI의 저작권 보호 문제가 주요한 쟁점 중 하나로 부각되고 있다. AI 모델 공급자는 AI의 학습 데이터가 저작권법을 준수했음을 입증할 책임을 진다. 이는 AI가 무단으로 콘텐츠를 학습해 유사한 결과물을 생성하는 문제를 방지하고, 저작권자의 권리를 보호하기 위한 목적을 가진다.

투명성 규제와 표시 제도

AI가 생성한 콘텐츠는 사용자가 이를 명확하게 인식할 수 있도록 표시해야 한다. 특히 생성형 AI는 뉴스 기사, 영상, 이미지, 오디오 등을 생산하는 데 활용될 수 있으며, 이 과정에서 허위 정보나 조작된 미디어가 발생할 가능성이 존재한다. 이에 따라, AI가 생성한 콘텐츠에는 워터마킹, 메타데이터 삽입, 텍스트 라벨링 등의 기술적 조치를 통해 AI 생성물임을 명확히 표시할 의무가 부과된다.

또한, 조작된 미디어(딥페이크)에 대한 규제도 별도로 마련되어 있다. 딥페이크 기술은 정치적 목적이나 범죄적 의도로 악용될 가능성이 높아, AI가 변형한 영상이나 음성의 경우 'AI 변조 콘텐츠'라는 명확한 표시를 해야 한다.

다만 이러한 규제가 기술적으로 실현 가능한가에 대한 논란이 존재한다. AI가 생성한 콘텐츠를 항상 정확하게 식별할 수 있을지 의문이며, 악의적인 사용자가 AI 생성 표시를 제거할 가능성도 배제할 수 없다. 또한 패러디나 예술적 창작 등의 표현의 자유와 충돌할 가능성이 있어 향후 법적 논쟁이 예상된다.

생성형 AI와 고위험 AI 시스템의 관계

생성형 AI는 기본적으로 '고위험 AI 시스템'으로 분류되지 않지만, 특정 사용 사례에서는 고위험으로 간주될 수 있다. EU 「AI 법」은 의료, 금융, 법률, 교육, 공공 인프라 등에서 중요한 결정을 내리는 AI 시스템을 '고위험 AI 시스템'으로 정의하고 있으며, 생성형 AI가 이러한 분야에서 활용될 경우 추가적인 규제가 적용될 수 있다.

예를 들어, 생성형 AI가 의료 진단 보고서를 작성하거나, 신용 평가를 자동으로 수행하는 경우, 혹은 법률 문서를 생성하는 경우에는 해당 AI의 신뢰성과 공정성을 보장해야 한다. AI가 제공하는 정보가 부정확할 경우, 그 책임이 누구에게 있는지에 대한 논의가 필요하며, 이는 법적 책임 소재를 명확히 하는 방향으로 법적 해석이 이뤄질 가능성이 크다.

저작권 보호 이슈

생성형 AI의 학습 데이터는 방대한 양의 텍스트, 이미지, 오디오 등을 포함하며, 여기에는 저작권이 보호되는 콘텐츠가 다수 포함될 가능성이 높다. 따라서 AI 모델의 학습 과정에서 저작권 침해가 발생할 위험이 존재하며, 이에 대한 법적 대응이 요구된다.

EU 「AI 법」은 AI 모델 공급자에게 학습 데이터의 출처와 사용 방식에 대한 책임을 부과하고 있으며, AI가 무단으로 저작물을 학습해 이를 기반으로 유사한 결과물을 생성하는 경우, 저작권 침해로 간주될 가능성이 크다. 따라서 AI 개발자는 AI 모델이 훈련된 데이터에 대한 개요를 제공해야 하며, AI 생성물이 원저작자의 권리를 침해하지 않도록 하는 기술적 조치를 마련해야 한다.

AI가 학습한 데이터를 일일이 추적하고 저작권 보호 여부를 검토하는 것이 현실적으로 어려운 문제가 있다.

저작권자의 입장에서는 AI가 자신의 저작물을 학습하는 것을 원하지 않을 수 있으며, 이에 따라 AI 개발자가 사전에 라이선스를 확보하거나 데이터 학습 범위를 제한해야 한다는 의견이 제기되고 있다. 이러한 저작권 이슈는 향후 법적 분쟁으로 이어질 가능성이 높으며, EU 「AI 법」의 시행 과정에서 중요한 논쟁점이 될 것이다.

위반 시 벌칙 및 법 집행 문제

EU 「AI 법」은 규제 위반 시 강력한 벌칙을 부과하고 있다. 제28조(투명성 및 저작권 의무) 및 제52조(콘텐츠 명시 의무)를 위반할 경우, 최대 연 매출의 7% 또는 3,500만 유로의 벌금이 부과될 수 있다. 이는 기존의 「일반 데이터 보호 규정(GDPR, General Data Protection Regulation)」보다 더 강력한 수준의 제재이며, AI 기업들이 규정을 준수하지 않을 경우 상당한 재정적 부담을 안게 될 것이다.

법 집행의 실효성에 대한 문제도 제기되고 있다. 특히, EU 외부의 AI 기업들이 이러한 규제를 준수할 것인지가 쟁점이 될 수 있으며, EU 시장 접근 제한 등의 강력한 조치가 없을 경우, 실효성이 낮아질 가능성이 있다. 이에 따라, 법 집행을 보다 효과적으로 수행하기 위한 국제적 협력과 기술적 감시 체계 구축이 필요할 것으로 보인다.

「AI 기본법」에 따른 생성형 AI 사업자의 의무

「AI 기본법」에 따르면, 생성형 인공지능이란 입력한 데이터의 구조와 특성을 모방해 글, 소리, 그림, 영상, 그 밖의 다양한 결과물을 생성하는 인공지능 시스템을 말한다. 고영향 인공지능을 이용한 제품이나 서비스를 제공하는 경우에는 인공지능의 투명성 확보를 위해 몇 가지 의무 사항을 두고 있다. 인공지능 사업자는 생성형 인공지능을 이용한 제품 또는 서비스를 제공하려는 경우, 제품 또는 서비스가 해당 인공지능에 기반해 운용된다는 사실을 이용자에게 사전에 고지해야 한다. 또한, 인공지능 사업자는 생성형 인공지능 또는 이를 이용한 제품 또는 서비스를 제공하는 경우, 그 결과물이 생성형 인공지능에 의해 생성되었다는 사실을 표시해야 한다.

인공지능 사업자는 인공지능 시스템을 이용해 실제와 구분하기 어려운 가상의 음향, 이미지 또는 영상 등의 결과물을 제공하는 경우, 해당 결과물이 인공지능 시스템에 의해 생성되었다는 사실을 이용자가 명확하게 인식할 수 있는 방식으로 고지 또는 표시해야 한다. 이 경우 해당 결과물이 예술적·창의적 표현물에 해당하거나 그 일부를 구성하는 경우에는, 전시 또는 향유 등을 저해하지 아니하는 방식으로 고지 또는 표시할 수 있다. 일종의 표시 의무를 부여하고 있는 것으로 볼 수 있다(제31조).

시사점

챗GPT와 파이어플라이(Firefly) 같은 생성형 AI 제공자는 EU 「AI 법」에서 요구하는 투명성과 책임성을 강화하기 위한 규제를 철저히 준수해야 한다. 이는 법적 리스크를 줄이고, 국제 시장에서 경쟁력을 확보하는 데 필수적이다. 특히 훈련 데이터 관리, 기술 문서화, 불법 콘텐츠 방지 메커니즘 구축 등을 통해 규제 당국의 요구를 충족하고 신뢰받는 기술 환경을 조성할 필요가 있다.

EU 「AI 법」에서 챗GPT와 파이어플라이는 기초 모델 제공자(Foundation Model Providers)로 정의되며, 이는 대규모 언어 모델과 멀티모달 AI 시스템을 포함한다. 기초 모델은 EU 「AI 법」의 위험 기반 접근법에 따라 제한적 위험(Limited Risk)으로 분류되지만, 특정 사용 사례에서는 고위험으로 재분류될 가능성이 있다.

EU 「AI 법」의 생성형 AI 규제는 AI 기술이 가져올 수 있는 위험을 최소화하고, 책임성과 투명성을 강화하는 데 초점을 맞추고 있다. 특히, AI 생성 콘텐츠의 명확한 표시, 고위험 AI 시스템과의 관계 설정, 저작권 보호 문제 등이 주요한 법정책적 이슈로 부각되고 있다. 그러나 법 집행의 실효성, 기술적 구현 가능성, 글로벌 AI 기업과의 정합성 문제 등이 해결되어야 하며, AI 규제와 표현의 자유, 혁신 촉진 간의 균형을 맞추는 것이 향후 중요한 정책적 과제가 될 것이다.

06
데이터 거버넌스

AI 시스템이 신뢰성을 갖추고 안전하게 작동하기 위해서는 데이터의 품질과 관리가 매우 중요한 요소로 작용한다. EU 「AI 법」의 제10조는 이러한 데이터의 활용 및 거버넌스에 대한 구체적인 규정을 정하고 있으며, 특히 고위험 AI 시스템에 대해 엄격한 데이터 품질 및 관리 기준을 부과한다.

AI와 야구?

입법 취지: AI 시스템 신뢰성과 기본권 보호를 위한 데이터 관리의 제도화

EU 「AI 법」 제10조는 고위험 인공지능 시스템이 사용하는 데이터의 품질, 관리, 보안 및 투명성을 법적으로 규율함으로써, 기술의 신뢰성과 기본권 보호를 함께 달성하고자 하는 목적을 지닌다. 이 조항의 도입 배경에는 데이터가 단순한 입력값이 아니라 알고리즘의 판단 결과를 좌우하고, 그 결과가 사회적 차별이나 불공정으로 이어질 수 있다는 문제의식이 있다. 따라서 제10조는 인공지능이 인간의 삶에 실질적인 영향을 미치는 상황에서, 그 작동 기반인 데이터의 법적 정합성과 윤리적 관리가 필수적이라는 인식을 반영하며, AI 시스템에 대한 신뢰를 확보하고 기본권 침해 가능성을 예방하기 위한 핵심 조항으로 기능한다.

데이터 거버넌스의 의의

AI 시스템의 성능과 신뢰성은 그 토대가 되는 데이터의 질과 관리 수준에 크게 의존한다. 특히 고위험 인공지능 시스템의 경우, 부정확하거나 편향된 데이터는 개인의 권리 침해, 차별, 사회적 불평등의 심화를 초래할 수 있다. 이에 따라 EU 「AI 법」 제10조는 단순한 기술 관리 차원을 넘어, 인공지능의 법적 정당성과 사회적 수용성을 확보하기 위한 기반으로서 데이터 거버넌스를 규정하고 있다. 이는 인공지능 시스템이 공정하고 투명하게 작동하도록 하는 핵심 장치이며, 데이터가 알고리즘에 미치는 구조적 영향을 제어하고 책임을 분산시킬 수 있는 수단으로 기능한다. 제10조는 AI의 기술적 발전이 사회적 신뢰와 윤리적 책임이라는 기준 위에서 구현되어야 함을 법적으로 제도화한 조항이라 할 수 있다.

데이터 거버넌스의 핵심 원칙

제10조 및 그에 상응하는 제안 이유(recital) 제67~70항은 데이터 거버넌스의 원칙을 명확히 하고 있다. 첫째, 데이터 품질 보장이 핵심이다. 학습 · 검증 · 시험에 사용되는 데이터세트는 AI 시스템의 목적에 적합해야 하며, 통계적으로 대표성 있고 오류 가능성이 최소화되어야 한다. 둘째, 편향 방지 및 공정성 확보가 요구된다. 이는 특정 집단에 대한 차별적 결과를 방지하고, 사회적 균형을 반영하는 데이터 구성을 의무화하는 것이다. 셋째, 출처와 처리의 투명성이 중요하며, 수집, 정제, 라벨링, 강화 등의 과정은 문서화되어야 한다. 넷째, 데이터 보안 및 접근 통제는 데이터의 무결성, 안전한 저장, 합법

적 접근을 보장해야 함을 의미한다. 마지막으로, 이 모든 요소는 「일반 데이터 보호 규정(GDPR, General Data Protection Regulation)」을 비롯한 EU의 개인정보 보호 법제와 정합성을 이뤄야 한다. 데이터는 기술적 자원이자 법적 · 윤리적 책임의 매개체로 간주된다.

다른 조문과의 관계

제10조는 「AI 법」 내 여러 핵심 조항과 긴밀하게 연계되며, 고위험 AI 시스템의 법적 정합성 판단에 중심적 기준으로 작용한다. 제6조와 제7조는 고위험 AI 시스템의 정의 및 범위를 설정하며, 제10조는 이들 시스템이 충족해야 할 데이터 요건을 구체화한다. 따라서 고위험으로 분류된 AI 시스템은 제10조의 데이터 품질 및 관리 요건을 충족하지 않으면 법적으로 유효하게 운영될 수 없다. 또한, 제14조는 AI 시스템의 투명성과 설명 가능성을 강조하는데, 이는 제10조가 요구하는 데이터의 추적 가능성과 문서화와 긴밀히 작동한다. 나아가 제71조는 제10조 위반에 대해 막대한 과징금(최대 연매출의 6%)을 부과할 수 있도록 규정해, 데이터 관리가 단순한 기술적 요구가 아닌 법적 책임의 중심임을 강조하고 있다. 이처럼 제10조는 「AI 법」의 여러 핵심 규정과 실질적으로 유기적

통합을 이루며, 법제 전체의 실행력을 높이는 기초로 작동한다.

데이터 공개 및 그 조건

EU 「AI 법」은 데이터의 완전한 공개를 강제하지 않지만, 데이터 거버넌스의 투명성을 확보하기 위해 간접적 공개 및 설명 의무를 요구한다. 제10조는 AI 시스템의 훈련·검증·시험에 사용된 데이터의 세부 정보, 예컨대 출처, 수집 경로, 라벨링 방식 등을 문서화할 것을 규정하며, 이를 감독 당국의 요청 시 제출할 수 있도록 해야 한다. 특히 범용 인공지능 모델에 대해서는 제53조에 따라 학습 데이터의 요약 정보 공개가 요구된다. 다만, 이는 「GDPR」 등과의 충돌을 피하기 위해 데이터 자체의 공개보다는 요약 설명, 메타데이터 제공 등의 방식으로 이행된다. 결과적으로, EU 「AI 법」은 데이터의 공개 가능성과 법적 제한을 동시에 고려해, 투명성과 보호의 균형 모델을 설계하고 있다.

사업자의 의무

고위험 AI 시스템을 제공하는 사업자는 데이터 관리와 관련해 포괄적이고 실효적인 의무를 부담한다. 첫째, 훈련 · 검증 · 시험 데이터세트는 대표성과 신뢰성을 갖춰야 하며, 오류가 최소화된 상태여야 한다. 둘째, 데이터의 수집, 정제, 구조화, 편향 제거, 강화 등의 전 과정은 명확히 문서화되어야 하며, 이는 감독 기관의 요청에 따라 제출할 수 있어야 한다. 셋째, 데이터 관리 체계는 사내 품질 관리 절차와 결합되어야 하며, 필요시 외부 인증기관 또는 제3의 기술 검증자를 활용할 수도 있다. 넷째, 데이터는 법령에 따라 안전하게 저장 · 관리되어야 하며, 접근 권한은 명확히 통제되어야 한다. 마지막으로, 모든 데이터 활용은 「GDPR」 등 「개인정보 보호법」과의 정합성을 유지해야 하며, 민감 정보의 처리는 사전 동의, 가명화 등 별도의 보호 조치를 동반해야 한다. 이처럼 사업자는 단지 데이터의 기술적 활용을 넘어, 법적 · 윤리적 책임을 실질적으로 이행해야 할 주체로 규정된다.

「AI 기본법」과의 비교

「AI 기본법」은 제정 초기 단계에서 데이터 거버넌스를 명확히 조문화하고 있지는 않지만, 기본 방향에서는 유사한 문제의식을 공유하고 있다. 「AI 기본법」은 고영향 인공지능 사업자에게 데이터 개요 설명 의무, 표시 의무, 기술적 안전성 확보 조치 등을 부과하며, 투명성과 신뢰

표 6-1. EU 「AI 법」과 「AI 기본법」의 비교

구분	EU 「AI 법」	AI 기본법
데이터 거버넌스	- 고위험 AI 시스템의 데이터 품질 기준 및 편향성 방지 조치 필수. - 개인 데이터 보호 및 특별 범주의 데이터 처리 제한.	- 학습 데이터의 구축 및 공공 활용 촉진. - 데이터 개방 및 통합 제공 시스템 운영.
저작권 보호	- AI 공급자는 저작권 준수 정책 수립 및 데이터 마이닝 시 옵트 아웃 존중. - 학습 데이터 출처 공개 의무.	- AI 사업자는 AI 생성물의 저작권 문제를 고려한 투명성 확보 조치 필요. - 이용자 보호를 위한 저작권 준수 방안 마련.
투명성 및 사용자 보호	- AI 생성 콘텐츠의 출처 표시 및 딥페이크 라벨링 필수. - 불법 콘텐츠 생성 방지 조치 의무화.	- AI가 생성한 콘텐츠임을 표시해야 함. - 이용자 보호를 위한 기술적·행정적 조치 마련.

출처: 저자 작성

확보를 핵심 가치로 설정한다. 다만 EU 「AI 법」의 제10조가 요구하는 대표성, 편향 방지, 문서화 및 보안 체계 같은 구체적 데이터 품질 요건과 법적 강제력은 상대적으로 약한 편이다. 또한, 한국 법은 「GDPR」 같은 개인정보 보호 체계와의 통합 구조가 아직 미흡하며, AI 관련 데이터 관리가 윤리 지침에 의존하는 경향이 강하다. 이와 같은 차이는 향후 국내 법제가 보완되어야 할 부분으로, 데이터의 설계 단계에서부터 투명성과 기본권 보호

를 구조적으로 내재화하는 방향으로 발전이 필요하다.

기업에 대한 영향

EU「AI 법」 제10조는 단순한 준수 대상이 아닌, 기업의 내부 구조와 시스템 설계를 전략적으로 변화시킬 수 있는 핵심 규정이다. AI 개발자는 기술적 성능뿐 아니라, 데이터의 법적 정합성과 사회적 수용 가능성을 고려해 설계 단계에서부터 이를 반영해야 하며, 내부 컴플라이언스 체계도 강화되어야 한다.

또한 AI 윤리 책임자의 지정, 데이터 영향 평가 체계 구축, 문서화 절차의 정비 등이 기업의 지속 가능한 경쟁력을 좌우하는 기준이 될 수 있다. 이는 규제 회피가 아닌, 글로벌 시장에서의 신뢰 기반 확보를 위한 기업 전략의 일환으로 작동하게 된다. 한국 기업 또한 EU「AI 법」이 제시하는 데이터 관리 요건을 충분히 검토하고, 자사의 내부 정책에 통합할 필요가 있다.

향후 우리나라의 AI 법제는 저작권 보호 및 데이터 편향성 방지 규정을 더욱 강화할 필요가 있으며, EU「AI 법」에서 제시하는 고위험 AI 모델에 대한 엄격한 규제 원칙을 참고할 수 있다. AI 기술이 사회적 영향을 고려하며 발전할 수 있도록 하는 법적 장치로 기능하며, AI 기업들은 이를 적극적으로 준수해야 할 필요가 있다.

07
혁신과 오픈 소스

EU 「AI 법」은 AI 기술의 안전성과 신뢰성을 보장하면서도 혁신과 스타트업의 성장을 지원하기 위해 설계되었다. 특히, 스타트업과 중소기업을 위한 특별한 조치와 오픈 소스 AI에 대한 규정을 통해, 기술 발전과 규제 준수 간의 균형을 유지하려는 노력을 보여 준다.

AI와 윤동주?

혁신과 오픈 소스의 강조

AI 기술은 높은 불확실성과 잠재적 위험을 동반하지만, 동시에 경제적 성장과 사회적 효율성을 창출하는 핵심 동력이다. EU 입법자는 이러한 기술 발전을 억제하지 않으면서도, 공공의 안전과 기본권 보호를 보장할 수 있는 중간 지점을 모색하고자 했다. 이에 따라 「AI 법」은 "책임 있는 혁신"과 "개방형 기술 생태계의 조성"을 명시적 목표로 삼고 있으며, 이를 위해 두 가지 핵심 장치를 규정한다. 첫째는 신기술의 실험과 조정을 허용하는 규제 샌드박스 제도(Regulatory Sandbox)이고, 둘째는 오픈 소스 AI 기술에 대한 일정 부분의 투명성 규제 완화 및 보호 장치다. 이러한 입법 설계는 규제와 기술 진보 사이의 협력적 통치를 제도화한 것으로 평가된다.

EU 「AI 법」상 관련 조항의 분석

인공지능 규제 샌드박스(제57조~제58조)

AI 법 제57조는 각 회원국이 2026년 8월까지 최소 1개 이상의 인공지능 규제 샌드박스를 설치할 의무를 명시하고 있다. 이 샌드박스는 단독으로 설치할 수도 있고, 여러 회원국 간 공동 설치도 가능하며, 유럽연합 집행위원회는 기술적 · 과학적 지원을 제공할 수 있다. 이어지는 제58조는 샌드박스의 기능과 목적을 구체적으로 규정한다. 규제 샌드박스는 시장 출시 전 AI 시스템의 실제 환경 테스트, 위험 식별과 완화 방안 실험, 규제 요건 충족 가능성 평가를 통제된 환경에서 실행할 수 있는 공간을 제공한다.

이 제도는 특히 중소기업(SMEs)과 스타트업에게 실질적인 의미를 갖는다. 이들은 고위험 AI 시스템을 설계할 때 법적 해석이나 적합성 평가에 대한 접근이 제한되는 경우가 많기 때문에, 규제 기관과의 조기 협업을 통해 규제 적합성과 기술 실험을 병행할 수 있는 제도적 창구를 갖게 된다. 규제 샌드박스는 이처럼 위험 기반 접근 방식의 실현과, 규제기관의 정책 학습(Regulatory Learning)을 동시에 도모한다는 점에서 법적 · 정책적 가치를 지닌다.

오픈 소스 인공지능 관련 규정(제90조~제104조)

EU 「AI 법」은 인공지능 기술 중 오픈 소스 형태로 제공되는 모델에 대해 특별한 규율을 도입했다. 제90조부터 제104조까지는 특히 범용 AI 모델에 초점을 맞추며, 그 중 오픈 소스 모델은 공공성과 기술 공유 측면에서 제도적 배려를 받는다.

제103조와 제104조에 따르면, 오픈 소스로 제공되는 범용 AI 모델의 경우, 모델의 구조, 사용 목적, 핵심 파라미터(예: 가중치 등)를 공개하는 것을 조건으로 해 일반적인 투명성 요건의 일부를 면제받을 수 있다. 이는 오픈소스의 개방성과 기술 공유 정신을 존중하면서도, 최소한의 책임성과 설명 가능성을 확보하기 위한 절충적 조치다. 그러나 이러한 면제는 절대적인 것이 아니다. 해당 모델이 시스템적 위험을 야기할 가능성이 있거나, 사회적 오남용의 우려가 높은 경우에는 오픈 소스 모델이라 하더라도 적절한 규제 요건을 준수해야 한다는 원칙이 유지된다.

또한 제90조는 고위험 AI를 개발하는 기업과 오픈 소스 기술 제공자 간의 계약 관계를 유럽집행위원회가 일정 부분 표준화할 수 있도록 하고 있으며, '모델 카드(model card)', '데이터 시트(data sheet)' 등 책임 있는 문서화 관행의 확산을 촉진하고 있다. 이는 개방형 기술 생태계에서도 책임성과 투명성을 유도하기 위한 제도적 실험으로 볼 수 있다.

기타 법령에서의 유사 규정

「디지털서비스법」

「디지털서비스법(DSA)」은 플랫폼 기반 디지털 서비스의 책임성과 투명성을 규율하는 법령으로, 「AI 법」과 마찬가지로 기술 규제와 혁신 사이의 균형을 추구한다. 특히 오픈 소스 및 비영리 기술 프로젝트에 대해서는 과도한 규제 부담을 피하도록 설계되어 있으며, 예컨대 알고리즘 투명성 의무가 일정 기준 이하의 비영리 개발자에게는 면제될 수 있다.

「데이터법」(2023)

「데이터법(Data Act)」은 데이터의 공유와 이용을 촉진하기 위한 법령으로, 중소기업 및 오픈 소스 개발자의 접근성과 부담 완화를 위해 여러 유연한 조항을 포함하고 있다. 예를 들어, '데이터 공유 계약의 표준화' 권고나, 데이터의 소유권과 접근권을 구분하는 조항은 데이터 기반 AI 생태계의 공정성과 효율성을 동시에 달성하기 위한 규범적 조치로 평가된다.

미국: 「AI 권리장전」(2022)

미국 백악관 과학기술정책국(OSTP)이 발표한 「AI 권리장전(AI Bill of Rights)」은 비록 법적 구속력은 없지만, 오픈 소스 모델을 공정하고 설명 가능한 AI 실현의 수단으로 강조한다. 이 문서는 오픈 소스 기술의 공공성과 투명성, 민주적 통제 가능성을 핵심 원칙으로 삼고 있으며, 이는 EU 「AI 법」의 입법 철학과 부분적으로 궤를 같이한다.

법적 시사점 및 비교 법적 검토

EU 「AI 법」은 고위험 기술에 대한 규제를 강화하는 동시에 기술 혁신과 개방형 기술 생태계를 유지·촉진하기 위한 이중 전략을 택하고 있다. 규제 샌드박스는 신기술의 위험을 통제하면서도 실험을 허용하는 제도적 공간을 제공하고, 오픈 소스 예외 조항은 공공적 기술 공유를 법제도 안으로 끌어들여 기술 독점에 대한 대안을 제공한다. 그러나 이러한 제도적 유연성은 시스템적 위험이 발생하거나, 대규모 오용이 발생할 경우 제한될 수 있으며, 이는 오픈 소스 개발자에게도 일정 수준의 책임과 감시 가능성을 요구하는 법적 근거가 된다. 따라서 EU는 기술의 개방성과 공공의 안전이라는 이중 목표 사이에서 절충지점을 세밀하게 조정하고 있으며, 이는 향후 AI 법제 전반에 적용 가능한 하나의 모델로 평가된다.

EU 「AI 법」은 기술 규제와 혁신 촉진의 균형이라는 복합적 과제를 제도화한 사례다. 이 법은 규제 샌드박스를 통해 신기술에 대한 실험 공간을 제공하고, 오픈 소스 AI 기술에 대한 책임 있는 면제를 제도화함으로써, 기술 생태계의 다양성과 접근 가능성을 보장하고자 한다. 이는 단순한 기술 중심의 법제가 아닌, 사회적 정당성과 기술적 진보가 공존할 수 있는 법제의 모색이라는 점에서 그 법적 의의가 크다. AI 기술의 규범적 통치에 EU의 접근은 향후 국제적 기준 형성에 중요한 준거 틀로 작용할 수 있을 것이다.

08
기록 및 보관 의무

EU 「AI 법」은 고위험 인공지능 시스템의 설계, 개발, 운영, 사후 관리 전반에 걸쳐 투명성과 설명 가능성, 그리고 법적 책임을 확보하기 위한 제도적 장치로서 "기록 및 보관 의무"를 규정하고 있다. 이 의무는 AI 시스템이 법령을 준수하고 있는지를 입증할 수 있는 기초 자료를 제공하는 동시에, 문제가 발생했을 때 신속하게 원인을 규명하고 책임 소재를 명확히 하기 위한 기반이 된다. 특히 이러한 의무는 「GDPR」과의 조화 속에서 기능하며, AI 시스템의 추적 가능성과 신뢰성을 제고하는 데 핵심적인 역할을 한다.

AI와 한의학?

EU 「AI 법」에서 기록 및 보관 의무의 중요성

EU 「AI 법」에서 기록 및 보관 의무는 AI 시스템의 투명성, 책임성, 규제 기관의 사후 감독을 보장하기 위해 중요한 요소로 강조된다. 이는 AI 시스템이 적절한 기준을 충족하는지 확인하고, 문제가 발생할 경우 책임 소재를 명확히 하기 위한 장치다. 특히, 고위험 AI 시스템의 경우, 안전성과 법적 준수를 보장하기 위해 더욱 엄격한 기록 및 보관 의무가 부과된다. EU 「AI 법」에서 기록 및 보관 의무가 강조된 이유는 AI 시스템의 투명성, 안전성, 추적 가능성을 확보함으로써 신뢰할 수 있는 AI 생태계를 구축하기 위함이다.

법적 관점에서의 규범적 의의

기본권 보호와 책임 추적성 확보

AI 시스템은 자율성과 복잡성 때문에 인간 개입이 제한될 수 있으며, 이는 잘못된 판단이나 편향된 결과를 초래할 수 있는 위험을 내포하고 있다. 이러한 문제를 해결하기 위해 EU 「AI 법」은 시스템의 운영 과정에서 생성된 의사결정 과정을 자동적으로 기록해 추적 가능한 구조를 갖추도록 요구한다. 기록된 로그는 사후에 시스템이 어떻게 작동했는지를 확인할 수 있게 해 주며, 특정 사건이나 피해 발생 시 그 원인을 규명하고 법적 책임을 묻는 데 핵심 증거로 작용한다. 이는 기본권 침해 사안, 예컨대 차별, 개인정보 유출 등의 상황에서 사용자의 권리를 구제하고, 사업자가 자신이 책임을 다했음을 입증할 수 있는 수단이 된다.

투명성과 신뢰 확보

기록과 보관의 체계적 수행은 AI 시스템의 투명성을 높이며, 이는 사용자의 신뢰를 형성하는 데 중요한 기초가 된다. 특히 AI가 사회 전반에 확산됨에 따라 시민들은 점차 AI의 결정 과정, 근거, 영향을 알고 싶어 하고 있으며, 이에 부응하는 방식으로 사업자가 기록 및 정보 제공 의무를 이행하는 것은 사회적 수용성을 높이고, 기술의 지속 가능한 발전을 가능하게 한다. 나아가 규제 당국 역시 이러한 기록을 통해 시스템의 법령 준수 여부를 사후적으로 검토할 수 있기 때문에, 효율적인 감독 수단으로서의 기능도 수행한다.

주요 내용 및 관련 조문 분석

제12조: 자동 로그 기록 기능

제12조는 고위험 AI 시스템에 대해 수명 주기 전반에 걸쳐 자동으로 사건을 기록할 수 있는 기능을 갖추도록 명시한다. 이러한 로그 기록 기능은 단순한 사용 흔적의 저장을 넘어, 시스템이 위험 상황에 처했을 때 이를 인지하고 기록할 수 있도록 설계되어야 하며, 나아가 시판 후 모니터링(Post-Market Monitoring)을 가능하게 한다. 특히 원격 바이오메트릭 식별 등 부속서 III(Annex III)의 고위험 분야에 해당하는 경우, 각 사용 세션의 시점, 입력 및 비교 데이터, 결과, 검증 참여자의 정보 등이 포함된 고도화된 로그가 요구된다. 이는 AI 시스템이 시민의 권리와 밀접하게 연관되는 분야에서 투명성과 안전성을 강화하기 위한 조치다.

제16조, 제18조: 기술 문서 보관 및 정보 등록

제16조는 고위험 AI 시스템 제공자의 일반적인 의무를 규정하면서, 기술 문서(technical documentation)의 작성과 보관을 핵심 사항으로 명시하고 있다. 제18조는 이 기술 문서에 포함되어야 할 항목을 구체화하며, AI 시스

템의 기능, 알고리즘 구조, 사용된 데이터세트의 특성, 위험 분석 및 관리 방안, 성능 평가 결과 등을 포함하도록 요구한다. 이 문서는 적합성 평가 시 근거 자료로 활용되며, 출시 이후 최소 10년간 보관되어야 한다. 이러한 보관은 단지 행정적 목적이 아니라, 기업이 자신이 설계한 시스템이 법령을 어떻게 충족하는지를 장기적으로 설명할 수 있는 수단이다.

제19조: 자동 생성 로그 보존 의무

제19조는 고위험 AI 시스템이 자동으로 생성하는 로그를 적절한 기간 동안 보관하도록 규정하고 있다. 로그 보존의 최소 기간은 6개월이지만, 시스템의 의도된 목적이나 관련 법령에 따라 더 장기 보존이 필요할 수 있다. 보존된 로그는 기계 판독 가능하고 변조 가능성이 없어야 하며, 언제든지 규제 기관의 요청에 따라 제공될 수 있어야 한다. 로그의 형식과 저장 방식은 시스템의 효율성을 고려해 기업이 자율적으로 설정할 수 있으나, 분석 및 제출이 용이한 구조화된 형식을 갖추는 것이 바람직하다.

제50조: 사용자 알림 및 콘텐츠 표시

제50조는 AI 시스템, 특히 사용자와 상호작용하거나 콘

텐츠를 생성하는 시스템에 대해 사용자가 그것이 AI임을 명확히 인식할 수 있도록 할 의무를 부과한다. 이는 정보 비대칭을 해소하고, 사용자가 AI의 판단을 인간의 판단과 혼동하지 않도록 하기 위한 것으로서, AI가 생성한 텍스트, 이미지, 음성 등에 명확한 표시가 요구된다. 이는 궁극적으로 사용자 권리 보장 및 소비자 보호를 위한 투명성 확보 장치다.

고위험 AI 시스템 제공자의 역할과 의무

EU 「AI 법」은 고위험 AI 시스템을 개발하고 제공하는 주체인 "제공자(provider)"에게 명확하고 구체적인 법적 의무를 부과하고 있으며, 이들은 AI 시스템이 설계, 개발, 배포되는 전 과정에서 해당 법령의 핵심 원칙들을 내재화해야 한다. 고위험 AI 시스템의 제공자는 16~19조에 따라 다음과 같은 책임을 부담한다.

시스템 설계 단계

고위험 AI 시스템 제공자는 9조에 따라 위험 관리 시스템을 갖추고, 설계 단계에서부터 위험 식별 및 완화 조치를 마련해야 한다. 이는 기술적 안전성과 법적 책임성을 동시에 확보하기 위한 구조로, AI 시스템에는 로그 기록 기능, 이상 상황 감지 알고리즘, 인간 개입 장치 등이 내장되어야 한다. 이러한 기능은 단지 규제 준수를 위한 수단이 아니라, 오작동 및 책임 회피로 인한 사회적 신뢰 훼손을 방지하기 위한 예방적 조치로 이해된다.

기술 문서 및 로그 데이터 관리

18조는 고위험 AI 시스템 제공자에게 기술 문서의 작성 및 보관 의무를 명시한다. 기술 문서는 부속서 IV(Annex IV)에 따라 시스템 개요, 목적, 사용 데이터의 특성, 모델 아키텍처, 위험 완화 전략, 성능 시험 결과 등을 포함해야 하며, 제공자는 이를 출시 후 최소 10년간 보관해야 한다. 이는 적합성 평가와 사후 감사, 분쟁 발생 시 입증 책임 이행을 위해 핵심적인 자료로 기능한다.

더불어 19조는 로그 보관 의무를 규정하고 있으며, 제공자는 AI 시스템이 자동으로 생성하는 로그 데이터를 시스템 목적에 부합하는 기간 동안, 최소 6개월 이상 보관해야 한다. 로그 데이터는 기계 판독 가능하고, 변조 방지가 가능한 형식으로 저장되어야 하며, 규제 당국이 요청할 경우 제공자가 통제할 수 있는 범위 내에서 신속히 제출할 수 있어야 한다.

품질 관리 및 사후 모니터링

17조는 고위험 AI 시스템의 제공자에게 품질 관리 시스템(QMS)을 구축할 것을 요구한다. 이에는 제품 개발, 변경 관리, 문서 통제, 사내 검증, 교육 및 내부 감사 절차뿐 아니라 시판 후 모니터링 시스템(Post-Market Monitoring System)이 포함되어야 한다. 제공자는 AI 시스템이 실제 사용 환경에서 어떻게 작동하는지 지속적으로 감시하고, 문제가 발생했을 경우, 이에 신속하게 대응할 수 있도록 절차를 마련해야 한다. 예기치 못한 시스템 실패나 법규 위반 사례가 발견되면, 제72조 및 제73조에 따라 감독 당국에 보고할 법적 의무가 발생한다.

감독 당국과의 협력

21조에 따르면, 제공자는 감독 당국의 요청에 따라 해당 AI 시스템의 법령 준수 여부를 평가하기 위한 자료를 제출해야 한다. 이는 기술 문서, 로그 데이터, 알고리즘 설명 자료 등을 포함하며, 해당 정보는 규제 당국이 이해할 수 있는 언어와 형식으로 제공되어야 한다. 제공자는 정보 제공과 관련해 영업비밀 및 개인정보 보호 조치를 병행해야 하며, 당국은 이에 대해 비밀 유지 의무를 부담한다. 또한 시험 시설 접근 허용 등 현장 검사에도 협조해야 하며, 배포자 · 사용자와의 정보 공유 체계도 정비해 두어야 한다.

문제 발생 시 시정 및 리콜 조치

제공자는 AI 시스템에서 오류나 결함이 발견되었을 경우, 16조 (h), (i)항에 따라 시정 조치(correction) 또는 리콜(recall)을 포함한 적절한 조치를 즉시 취해야 한다. 시스템의 정지, 소프트웨어 업데이트, 사용자 통지 같은 조치가 포함되며, 특히 생명, 건강, 기본권 침해 등 중대한 위험이 예상되는 경우, 관할 감독 당국 및 인증 기관(Notified Body)에 이를 즉시 보고해야 한다. 시정조치 결과에 대한 보고서 제출 역시 의무화되어 있으며, 사업자는 이러한 상황을 내부적으로 재분석하고 향후 유사 상황 재발 방지를 위한 시스템 업데이트 또는 설계 변경을 고려해야 한다.

기술적·제도적 구현상의 쟁점 및 과제

기술적 난점

고위험 AI 시스템의 기록 및 보관 의무는 단순히 데이터를 저장하는 것을 넘어, 의사 결정 과정 전체에 대한 구조적 추적 가능성을 확보하는 것을 목표로 한다. 그러나 이러한 기록은 기술적으로 고도의 정교함을 요구한다. 딥 러닝 모델의 경우, 의사 결정은 수백만 개의 파라미터와 비선형적인 연산을 통해 이뤄지기 때문에, 어떤 부분을 기록해야 '설명 가능성'과 '책임 추적성'을 충족하는지 명확하지 않다. 예컨대, 단순한 입력 · 출력 로그 외에 중간 계층에서의 연산값, 의사 결정 경로의 확률적 기여도 등을 얼마나, 어떤 형식으로 남겨야 하는지는 기술 표준 없이 판단하기 어렵다.

또한 실시간으로 작동하는 AI 시스템의 경우, 로그 기록이 처리 속도와 시스템 성능에 부담을 줄 수 있다. 자율주행 차량이나 실시간 진단 시스템처럼 고빈도 반응성을 요구하는 분야에서는, 로그를 남기기 위한 연산이 시스템 지연(latency)을 초래할 수 있으며, 이는 안전성 자체를 해칠 수 있다. 따라서 효율적인 로그 압축, 비동기 저장, 로그의 중요도 기반 선별 기록 등 기술적 대응이 병행되어야 한다. 하지만 이러한 방식은 추가적인 비용과 인프라를 요구하며, 중소기업에는 상당한 진입 장벽으로 작용할 수 있다.

법적 불확실성

EU「AI 법」의 조문은 로그 보존 기간, 기록의 범위, 상세도에 대해 일부 기준을 제시하고 있지만, 여전히 법적 해석의 여지가 넓다. 예를 들어 제19조는 '시스템 목적에 적합한 범위'에서 최소 6개월 이상 로그를 보관하도록 규정하고 있으나, '적합한 범위'에 대한 판단 기준은 기업의 재량에 맡겨져 있다. 이로 인해 어떤 시스템은 6개월 보관으로 충분하다고 판단할 수 있지만, 감독 당국은 그것이 불충분하다고 볼 수 있어 해석상 충돌이 발생할 가능성이 크다.

또한 로그가 개인정보를 포함하는 경우,「일반 데이터 보호 규정(GDPR, General Data Protection Regulation)」과의 충돌 문제가 발생한다.「GDPR」은 데이터 최소화 및 보존 기간 제한의 원칙을 요구하므로,「AI 법」상 보관 의무가「GDPR」위반으로 간주될 여지도 있다. 실제로 AI 시스템의 로그에 사용자 식별자, 위치 정보, 건강 정보 등이 포함될 수 있기 때문에, 기업은 해당 로그를 가명 처리하거나 분리 저장하는 등 기술적 조치를 병행해야 한다. 그러나 이러한 조치 역시 모호한 규범 간 충돌 상황을 완전히 해소하지는 못하며, 규제 당국의 해석 및 집행 방침에 따라 향후 규범 조정이 필요할 것으로 보인다.

입증 책임과 책임 전환

EU 「AI 법」과 함께 추진 중인 「AI 책임법(AI Liability Directive)」은 기록의 유무를 법적 책임 소재 판단에 직접 연계하고 있다. 특히 피해자가 AI 제공자를 상대로 손해배상을 청구하는 경우, 법원은 제공자가 로그 및 관련 기술 문서를 제출하지 못하면 책임을 추정(presumption of fault)할 수 있도록 규정하고 있다. 이는 기업 입장에서 기록 보관 실패가 곧 법적 불이익으로 직결될 수 있음을 의미한다.

또한 AI 시스템이 법적으로 금지되거나 차별 · 편향을 야기한 경우, 제공자가 과거의 결정 과정을 설명할 수 있는 기록을 갖추지 못했다면, 고의 또는 중대한 과실이 있었던 것으로 추정될 수 있다. 반면 철저한 기록을 통해 설계상 정당성, 운용상 적법성을 입증할 수 있다면, 기업은 자신의 책임을 면하거나 일부 감경받을 수 있다. 이처럼 로그는 단지 규제 이행의 수단이 아니라, 분쟁 상황에서 방어권 행사와 법적 책임 회피의 실질적 기반으로 작용한다.

09
기본권 영향 평가 제도

EU 「AI 법」에서 영향 평가는 특히 고위험 AI 시스템이 개인의 기본권에 미칠 수 있는 영향을 사전에 식별하고 완화하기 위한 규범적 장치로서, 필수 절차로 자리 잡고 있다. 이러한 영향 평가의 핵심은 바로 기본권 영향 평가(FRIA)다. 이는 AI 시스템이 안전하고 윤리적으로 사용되며, 인간의 존엄성과 권리를 침해하지 않도록 보장하는 데 중점을 둔다.

AI와 화장품?

도입 배경: 왜 영향 평가가 필요한가?

EU 「AI 법」 제27조는 기본권 영향 평가(FRIA)의 개념, 절차, 이행 주체를 명확히 규정하며, AI 시스템을 배포하려는 주체가 사전에 책임 있게 기술을 운용하도록 유도한다. 특히 부속서 III(Annex III)에 열거된 고위험 분야(예: 생체인식, 법 집행, 고용, 교육 등)에 해당하는 AI 시스템의 경우, FRIA 수행이 의무화되어 있으며, 이는 데이터 보호 영향 평가(DPIA, Data Protection Impact Assessment)와 병행 또는 보완의 방식으로도 이행할 수 있다. 참고로, DPIA는 「일반 데이터 보호 규정(GDPR, General Data Protection Regulation)」 제35조에 의해 도입된 제도로, 고위험 개인정보 처리에 대해 사업자에게 사전 평가를 의무화하고 있다.

이러한 제도는 기술적 적합성 평가만으로는 포착하기 어려운 윤리적 · 사회적 위험까지 고려해, 차별, 프라이버시 침해, 표현의 자유 제한 등 기본권 침해 가능성을 최소화하고, AI 기술에 대한 사회적 신뢰와 규제 정당성을 동시에 확보하는 데 기여한다.

적용 대상 및 의무 주체

FRIA는 고위험 AI 시스템 중에서도 일정 범주의 사용 맥락에 적용된다. 첫째, 공공 기관 또는 공공 서비스를 제공하는 민간 주체가 부속서 III에 해당하는 고위험 AI를 배포하려는 경우가 이에 해당한다. 단, 부속서 III 제2항의 중요 기반 시설 관리에 해당하는 일부 시스템은 예외적으로 대상에서 제외된다.

둘째, 금융·보험 분야에서 사용되는 고위험 AI 중 신용 평가 또는 생명·건강 보험의 위험 평가에 사용되는 시스템(Annex III 제5항 b, c)을 배포하는 경우에도 FRIA가 의무적으로 요구된다. 이처럼 FRIA는 공공성과 개인정보 침해 가능성이 높은 고위험 AI 시스템에 우선 적용되며, 규제자는 이를 통해 AI가 기본권에 미칠 영향을 시스템적 차원에서 점검하고자 한다.

평가 절차 및 주요 내용

기본권 영향 평가는 인공지능 시스템이 실제로 운용되기 이전 단계에서 수행되어야 하는 사전적(ex ante) 평가 절차이며, EU 「AI 법」 제27조에 따라 그 절차와 항목이 구체적이고 구조화된 방식으로 규정되어 있다.

제27조 제1항은 AI 시스템을 배포하고자 하는 사업자가 수행해야 할 평가 항목을 명시하고 있으며, 주요 내용은 다음과 같다. 첫째, 해당 AI 시스템이 사용될 조직 내

부의 업무 프로세스와 맥락에 대한 기술이 요구된다. 둘째, 시스템의 사용 기간 및 사용 빈도에 대한 구체적 설명이 포함되어야 한다. 셋째, 해당 시스템으로 인해 영향을 받을 수 있는 개인 또는 집단의 유형을 식별해야 하며, 넷째, 이들에 대한 위험 유형(예: 차별, 개인정보 침해, 권리 제한 등)을 명확히 기술해야 한다. 다섯째, 사용설명서에 명시된 인간 감독 조치의 도입 여부를 확인해야 하며, 마지막으로 위험이 현실화될 경우에 대비한 대응 방안과 내부 거버넌스 체계가 평가에 포함되어야 한다.

FRIA는 일반적으로 위험 식별 → 영향 평가 → 대응책 설계 → 문서화의 단계를 따르며, 평가가 완료되면 보고서는 표준 양식에 따라 EU 인공지능사무국에 제출되어야 한다(제27조 제3항). 단, 이미 유사 조건하에서 동일한 AI 시스템에 대해 수행된 영향 평가가 존재하는 경우에는 그 결과를 반복 활용할 수 있다(제27조 제2항). 또한, 긴급 상황에서 시스템을 배포하는 경우에는 일정 요건을 충족하는 한 감독 당국 보고 의무가 면제될 수 있으며(제46조 제1항 준용), 사전에 「GDPR」에 따른 데이터 보호 영향평가(DPIA)가 수행된 경우에는 해당 내용을 FRIA의 일부로 보완하거나 대체할 수 있다(제27조 제4

항).

법적 기능 및 기본권 연계

FRIA는 단순한 기술 사전 점검이 아니라, 「AI 법」에서 위험 기반 접근법을 구체화하는 제도다. 고위험 AI의 경우 사후 감독이나 기술적 요건만으로는 충분하지 않다는 점에서, FRIA는 인권 중심의 사전적 거버넌스 메커니즘으로 작동한다. 이는 특히 "AI의 사회적 수용성"을 위한 기본권 중심의 '정당화 절차'로 기능하며, 기술과 인간 권리 간 균형을 제도적으로 확보하는 효과를 낳는다.

「헌장」과의 연결도 두드러진다. FRIA는 인간 존엄, 자율, 평등, 사생활, 비차별, 적법 절차, 표현의 자유 등 헌장에 명시된 권리를 규제 의무로 직접 연결한다. 예컨대 AI 시스템이 차별 가능성을 유발할 경우, FRIA는 이를 사전에 식별하고 개선 방안을 마련하게 하며, 자동화된 결정이 적법절차를 침해할 경우에는 인간 개입 장치를 사전에 설계하도록 유도한다.

이처럼 FRIA는 기존의 DPIA보다 범위가 넓고 적용 대상의 기본권 위험을 종합적으로 조망할 수 있게 하는 규제적 장치로 작동하며, EU 「AI 법」의 "신뢰 가능한 인간 중심 AI" 비전과 직접 맞닿아 있다.

투명성과 책무성 확보 기능

FRIA는 투명성과 설명 책임을 제도적으로 구현하는 수단이기도 하다. 배포자는 시스템 사용의 목적, 절차, 영향 범위 등을 상세히 문서화하고, 그 결과를 외부 감독 기관에 제출해야 한다. 이는 AI 사용에 대한 조직 내부의 책임성을 강화할 뿐 아니라, 제3자인 규제자나 시민 사회, 이해관계자에 의한 공적 감시 가능성을 열어 준다.

FRIA는 단순한 "셀프 체크리스트"가 아니라, 공적 통제 가능성을 내포한 제도이기 때문에, 배포자는 허위 작성 또는 형식적 평가에 대한 책임도 부담하게 된다. 이로 인해 기업 또는 공공 기관은 고위험 AI 시스템의 도입 단계에서부터 리스크에 대한 진지한 성찰과 내부 프로세스 정비를 병행할 수밖에 없게 되며, 이는 장기적으로 AI 운영 전반의 투명성과 신뢰성을 높이는 효과를 낳는다.

「AI 기본법」상 영향 평가와의 비교

「AI 기본법」은 제35조를 통해 인공지능 시스템의 사회적 영향 및 국민 권익에 미치는 영향을 사전에 고려하도록 하는 영향 평가 제도를 도입했다. 동 조항에 따르면, 고영향 인공지능 제품 또는 서비스를 제공하려는 인공지능 사업자는 사회적 · 기본권적 영향을 평가하는 방안을 수립·이행해야 하며, 특히 공공 기관이 이를 도입할 경우에는 그러한 평가를 완료한 제품 또는 서비스를 우선적으로 고려하도록 규정하고 있다. 즉, 영향 평가는 단지 사적 자율에 맡겨진 절차가 아니라, 일정한 규범적 구속력을 갖춘 '의무적 절차'로 설계된 것으로 볼 수 있다. 또한 「AI 기본법」은 대통령령을 통해 평가의 방법, 절차, 내용 등을 구체화할 수 있도록 위임하고 있으며, 이행 여부와 방식은 향후 시행령의 입법 내용에 따라 달라질 수 있다.

현 단계에서 「AI 기본법」의 영향 평가는 여전히 실효성 확보에 한계를 지닌다. 첫째, 법문에서 명시한 "영향 평가의 실시"는 선언적 규범에 가깝고, 실제로 평가를 미이행했을 경우 어떠한 법적 제재도 부과되지 않으며, 이행 결과를 정부에 제출하거나 공시할 의무도 명시되지 않았다. 둘째, 평가 항목의 구체성 역시 미흡하다. EU 「AI 법」에서처럼 사용 맥락, 영향 대상, 위험의 유형, 인간 감독 체계 등 세부 항목이 명시되어 있지 않으며, 대통령령에 포괄적으로 위임된 상태로 남아 있어 평가의 표준화 및 객관성 확보가 어렵다. 셋째, 행정적 연계성도 부족하다. EU의 FRIA가 평가 결과를 인공지능사무국에 통보하고, 반복적 사용 가능성, 감독당국의 모니터링 등과 제도적으로 연결되어 있는 데 반해, 한국의 영향 평가는 조달 우선 고려 외에 행정 시스템과의 연계 구조가 전무하다.

「개인정보 보호법」상 개인정보 영향 평가 제도와의 관계 역시 불명확하다. 고영향 인공지능 시스템은 대개 개인정보 및 민감 정보를 처리하는 경우가 많음에도 불구하고, 「AI 기본법」 제35조는 「GDPR」상의 DPIA 같은 사전적 통합 절차에 대한 고려 없이 독립된 영향 평가만을 규정하고 있다. 이에 따라 프라이버시 보호와 기본권 보호 간의 제도적 중복 또는 공백 가능성이 존재하며, 실제로 사업자가 어떤 평가를 언제, 어떻게 수행해야 하는지에 대한 법적 해석상 불확실성이 발생할 수 있다.

결과적으로, 「AI 기본법」상 영향 평가 제도는 기본권 보호와 사회적 수용성 확보라는 규범적 취지를 공유하고 있음에도 불구하고, 제도 설계 및 집행 체계에 실효성과 명확성이 부족하다. 향후 하위 법령의 정비를 통해 ① 평가 의무의 이행 강제 수단, ② 구체적인 평가 항목 및 표준 양식의 제시, ③ 감독기관에의 보고 및 공시 절차, ④ 「개인정보 보호법」상의 영향 평가(DPIA)와의 제도적 연계를 보완할 필요가 있다. 이를 통해 한국형 영향 평가 제도가 선언적 규범에 머무르지 않고, 실질적 규제 효과와 신뢰 기반의 AI 운영 체계로 발전할 수 있을 것이다.

기대 효과

FRIA는 단순한 규제 준수 수단을 넘어, AI 기술의 사회적 정당성과 윤리적 책임성을 제고하는 규범적 도구로 기능한다. 첫째, 개인의 기본권 침해를 사전적으로 방지하고, AI 시스템의 사회적 수용성을 높인다. 둘째, 조직 내부의 거버넌스 강화 및 투명성 제고를 유도하며, 셋째, 분쟁 발생 시 책임 소재의 명확화를 가능하게 한다. 넷째, 잠재적 위험을 체계적으로 관리함으로써 기업의 평판 리스크와 법적 제재 가능성을 사전에 차단할 수 있다.

궁극적으로, FRIA는 "기술을 위한 법"이 아니라 "인간을 위한 기술"이라는 철학을 실천하는 제도적 구현물이다. 이는 AI 거버넌스의 미래 방향을 제시하는 지표이며, 향후 다른 국가의 AI 규제 체계에도 영향을 줄 핵심 제도라 할 수 있다.

10
시사점

글로벌 규제를 모두 준수하는 전략을 채택하면, 여러 시장에서의 규제 충족 여부를 확인하면서 효율적으로 운영할 수 있다. 이는 글로벌 신뢰를 쌓고, 법적 리스크를 최소화하는 데 도움이 되며, 기업이 다수의 시장에서 장기적으로 안정적으로 사업을 운영할 수 있도록 한다. 결국, EU 「AI 법」을 준수하며 글로벌 규제에 맞춰 운영하는 것이 다양한 시장에서 경쟁력을 높이는 방법이 될 것이다.

종교와 AI?

EU의 입법은 글로벌 시장에 영향을 미친다

EU는 경제적, 정치적으로 중요한 글로벌 경제권역이다. EU의 입법은 유럽 내에서만 영향을 미치는 게 아니라 전 세계적으로 중요한 기준을 설정한다. EU 「AI 법」은 인공지능 기술의 발전에 따른 윤리적, 사회적 책임을 명확히 하고, 기술이 어떻게 사용되고 개발되어야 하는지를 규명하는 법적 기준을 마련한 법이다. 유럽연합은 그 규모와 시장의 영향력 덕분에, 유럽 내에서만 법적 요구 사항을 충족하는 것 이상의 영향을 미치게 된다. 다른 국가들은 EU의 규제를 모델로 삼거나, EU 시장에 진입하려는 기업들이 이를 따르도록 유도한다. 예를 들어, 「GDPR」도 EU에서 제정된 법이었지만, 전 세계적으로 개인정보 보호와 관련한 법적 기준을 설정하는 데 큰 영향을 미쳤다. 마찬가지로, EU 「AI 법」은 AI 기술의 책임 있는 사용과 개발에 대한 국제적인 기준을 형성할 수 있다. 이는 EU 시장에 진입하려는 글로벌 기업들에게 필수적인 규제로 자리 잡으며, 궁극적으로 전 세계적으로 인공지능 기술의 안전성과 윤리를 확보하는 데 중요한 역할을 할 것이다.

국내와 해외 규제 대응을 다르게 하는 것이 사업자에게 이득일까?

국내와 해외 규제 대응을 다르게 하는 전략은 단기적으로는 비용을 절감하거나, 현지 시장의 규제 요구 사항에 맞춰 운영할 수 있을 것처럼 보일 수 있다. 하지만 글로벌 시장에서 활동하는 기업들이 각국의 규제를 별도로 따로 맞추는 것은 장기적으로 법적 리스크와 관리적 부담을 초래할 수 있다. EU 「AI 법」은 유럽뿐만 아니라, EU 시장에 진입하고자 하는 해외 기업에게도 적용되므로, 이 법을 무시하거나 대응을 늦추면 EU 내에서의 사업이 불가능해질 위험이 있다. 또한, 해외 시장에 대한 규제 대응을 따로 하는 것은 기업이 두 개 이상의 규제 시스템을 따로 관리해야 함을 의미하며, 이는 추가적인 비용과 시간 소모를 초래한다. 예를 들어, EU의 규제를 따르지 않는 인공지능 시스템은 유럽 시장에서 불법으로 간주될 수 있으며, 이로 인해 벌금이나 제재를 받을 수 있다. 반대로, 글로벌 규제를 모두 준수하는 전략을 채택하면, 여러 시장에서의 규제 충족 여부를 확인하면서 효율적으로 운영할 수 있다. 이는 글로벌 신뢰를 쌓고, 법적 리스크를 최소화하는 데 도움이 되며, 기업이 다수의 시장에서 장기적으로 안정적으로 사업을 운영할 수 있도록 한다. 결국, EU「AI 법」을 준수하며 글로벌 규제에 맞춰 운영하는 것이 다양한 시장에서 경쟁력을 높이는 방법이 될 것이다.

국내 사업자만을 위한 것이라면, 국내 규제 수준을 낮추는 것도 고려할 수 있을 것이다. 모든 결정에서는 상충관계(trade-off)가 발생한다. 정책도 다르지 않다. 만약, 규제 수준을 낮춘다면 해외 사업자의 규제도 낮아질 것이라는 점이다. 그렇다면 국내 사업자의 경쟁력이 유지될 수 있을 것인지는 의문이다. 국제 경쟁력을 갖춘 사업자는 어떤 경쟁 우위를 가질 수 있을까? 결국, 규제 수준의 높낮이가 사업자에게 중요한 것으로 보기 어렵다. 즉, 규제 수준이 경쟁을 가름하는 것이 아니라는 점이다. 명확하고 투명한 기준을 제시함으로써 사업자가 예측 가능한 사업을 영위할 수 있도록 입법이나 정책이 이뤄질 필요가 있다.

하나의 통일 기준으로, 예측 가능한 AI 기본법을 재설계하자

우리「AI 기본법」은 EU「AI 법」을 그대로 베끼기보다, 명확하고 예측 가능한 한 가지 기준을 세워 기업이 어디서든 적용할 수 있게 해야 한다. 기본 틀은 EU 기준을 따르되, 한국 · 미국 · 영국 · 일본의 차이는 얇게 보완하는 방식으로 흡수한다. 그러면 기업은 같은 내부 규칙과 문서만으로 여러 나라 요구를 충족할 수 있고, 심사 · 조달 · 감사 때마다 새로 준비하느라 드는 비용도 크게 줄어든다. 정부는 공공조달 기준과 실무 가이드로 이 구조를 사실상의 표준으로 자리 잡게 만들 수 있다.

이 통일 기준의 뼈대는 "요건-검증-증거" 흐름을 개발 과정에 심는 것이다. 먼저 해야 할 일(요건)을 분명히 정하고, 이를 확인하는 시험 방법(검증)을 정리한 뒤, 결과를 증명하는 문서(증거)를 자동으로 만들게 한다. 이렇게 하면 모델 업데이트나 데이터 교체가 잦아도, 지금 이 시스템이 규정을 지키고 있는지를 언제든 다시 보여줄 수 있다. 법에는 이 최소 구성 요소를 간단명료하게 써 주고, 세부는 하위 고시 · 지침으로 풀어 주면 현장 적용이 쉬워진다.

권리 보호는 별도 장식이 아니라, 이 통일 기준이 실제로 작동하는 방식이 되어야 한다. 개인정보 영향평가와 나란히 기본권 영향평가를 정례화해, 차별 · 사생활 · 표현의 자유 같은 요소를 항상 점검하도록 한다. 또한 의미 있는 인간 통제를 선언에 그치지 말고, 승인 · 중단 · 이의제기 · 재검토 권한을 누가 어떻게 행사했는지 로그로 남기게 해야 한다. 교육 · 의료 · 금융 · 공공 분야처럼 위험이 큰 영역에는 인간 개입의 최소 기준을 별표로 명확히 두어, 기존 부문 법제와도 매끄럽게 연결한다.

데이터 출처와 투명성은 책임을 따지고 분쟁을 줄이는 열쇠다. 학습 · 튜닝 · 검색결합(RAG) 데이터가 법적으로 쓰일 수 있는지, 저작권 · 개인정보 · 영업비밀 이슈와 어디까지 허용되는지를 목록화해 관리하고, 옵트아웃(사용 거부) · 삭제 · 보상 절차를 표준으로 만든다. 모델 · 데이터 관리체계, 편향 · 안전 평가보고서, 보안 시험 성적서 같은 공통 서류 양식을 정해 두면, 기업은 한 번 만든 서류를 해당 분야에서 재사용할 수 있다.

마지막으로, 사후 점검과 집행 체계가 있어야 제도가 현장에서 움직인다. 운영 중 성능 저하, 편향 재발, 보안 사고를 살피는 사후 모니터링, 중대한 사고의 신속 통지, 필요할 때 일시중단 · 되돌리기 · 리콜까지 이어지는 절차를 법 · 고시 · 가이드로 단계별 제시한다. 감독기관 간 신속 연계와 시정명령 · 사용중지 · 과징금 같은 실효적 수단을 마련하되, 동시에 샌드박스 면책, 중소기업 · 오픈소스 친화 템플릿, 레드팀 가이드 등 혁신을 돕는 장치도 함께 둔다. 이렇게 하면 안전 · 권리 · 혁신이 서로 발목을 잡지 않고, 규제의 양이 아니라 구조의 완성도로 기업 경쟁력을 높일 수 있다.

AI기본법은 '모두의 AI'와 'AI 기본 사회'를 현실화한다

AI 3대 강국을 뒷받침하는 법의 존재 이유는 정책의 일관성을 보장하는 데 있다. 법과 제도를 만드는 것이 목표가 아니라, 그것을 통해 국정과제를 예측 가능하게 추진하고 결과를 내는 것이 핵심이다. 우리나라는 높은 응용력과 빠른 실행력이 강점이므로 목표 달성의 잠재력은 충분하다. 다만 부처 · 지역 · 연도에 따라 흔들리지 않도록 정의-목표-이행수단-책임주체를 한 묶음으로 고정하고, 예산 · 인력 · 인프라 등 필요한 자원을 정시에 공급하는 장치를 법률에 명확히 두어야 한다.

「AI 기본법」에는 국가 비전으로서 AI 기본 사회와 모두의 AI를 명시하고, 이를 구체적 정책과제 · 성과지표로 연결할 필요가 있다. 접근성(국민의 이용 가능성), 안전성과 신뢰성(사고 · 편향 최소화), 포용성(지역 · 계층 격차 완화), 혁신성(창업 · 수출 · 특허) 같은 핵심 지표를 설정하고, 부문별 로드맵과 책임 주체를 지정해 실행력을 높인다. 또한 공공 조달과 표준 가이드를 통해 민간 확산 경로를 열면, 동일한 기준과 문서로 여러 제도를 동시에 충족하는 통일 규범들이 시장의 사실상 표준으로 자리 잡을 수 있다.

이 비전의 철학적 토대는 회복과 성장이라는 기본 사회의 가치다. 이는 법조문 속 선언에 그치지 않고, 기본권 영향 평가, 의미 있는 인간 통제, 사후 모니터링 같은 운영 규정으로 구현되어야 한다. 이렇게 법-정책-집행이 한 덩어리로 작동하면, 국민 누구나 AI의 혜택을 공평하게 누릴 수 있고, 국가 혁신 역량은 안정적으로 축적된다. 결국 일관된 법제와 예측 가능한 집행이 AI 3대 강국을 향한 가장 현실적인 길이다.

김윤명

디지털정책연구소(DPI) 소장이다. 남도의 니르바나 해남에서 태어났다. 광주 인성고등학교와 전남대학교를 졸업하고, 경희대학교에서 지식재산법으로 박사학위를 받았다. 네이버에서 정책수석으로 일했고, 소프트웨어정책연구소(SPRi)에서 SW·AI 법에 대해 연구했다. 국회에서 (박정어학원의 그) 박정 의원 보좌관으로, 이재명 경기도지사 캠프 및 인수위인 새로운경기위원회에서 전문위원으로 활동하기도 했다. 대통령소속 국가지식재산위원회 AI-IP특별위원회 위원으로 활동했다. 현재 기율특허에서 연구위원으로, 법무법인원의 전문위원으로 있다. 경희대 법무대학원에서 '인공지능법'을, 전남대 데이터사이언스 대학원에서 '데이터사이언스 법과 윤리'를 강의했다. 글쓰기를 좋아해 《생성형 AI 창작과 지식재산법》, 《인공지능의 생각》, 《블랙박스를 열기위한 인공지능법》, 《게임법》, 《로보스케이프》, 《인공지능과 리걸프레임》, 《소프트웨어와 리걸프레임》, 《게임서비스와 법》, 《인터넷서비스와 저작권법》 등의 책을 혼자 쓰거나 동료와 같이 썼다. 그 중 《블랙박스를 열기위한 인공지능법》은 교육부 우수 학술도서로, 《게임법》, 《게임서비스와 법》 및 《인터넷서비스와 저작권법》은 문화부 세종도서(우수 학술도서)로 선정되기도 했다. 늘상 시를 짓고 사진을 찍는다. 아이들의 강하중학교에서 발간한 시집 《나에겐 비도 맛있다》에 몇 편의 시가 실렸다. 아내와 아이들과 시고르자브종 리카와 벤, 동네 풍경, 하늘, 바람, 꽃 등이 피사체가 된다. 주변의 짠하고도 아심찬한 모습도 담는다. 집에 도서관N을 두었다. 정사서 1급 자격증이 있지만 도서관장은 아내다. N의 컨셉은 네이버와 한게임의 합병법인 NHN(Next Human Network)의 Next에서 따왔다. '도서관엔(N) 뭐가 있을까?', '도서관엔(N) 길이 있지!', '도서관 다음엔(N) 뭘 만들지?' 따위의 장난스러운 도서관N으로 기억되길 바란다. 모든 이를 위해 더 큰 도서관N을 만들고자 한다. 2023년, AI를 포함해 디지털 관련 법제와 정책 연구를 위해 양평에 '디지털정책연구소'를 세웠다. 연락은 digitallaw@naver.com으로 해 주시길 바란다.